U0061617

責任編輯	江其信
書籍設計	吳冠曼

書名	澳門建築企業競合戰略研究
著者	黃燕雅
出版	三聯書店（香港）有限公司
	香港北角英皇道 499 號北角工業大廈 20 樓
	Joint Publishing (H. K.) Co., Ltd.
	20/F., North Point Industrial Building,
	499 King's Road, North Point, Hong Kong
發行	香港聯合書刊物流有限公司
	香港新界荃灣德士古道 220-248 號 16 樓
印刷	美雅印刷製本有限公司
	香港九龍觀塘榮業街 6 號 4 樓 A 室
版次	2022 年 7 月香港第一版第一次印刷
規格	大 32 開（140mm×210mm）168 面
國際書號	ISBN 978-962-04-4967-3

RESEARCH ON
CO-OPETITION STRATEGY OF
CONSTRUCTION ENTERPRISES
IN MACAU

澳門建築企業
競合戰略研究

黃燕雅————著

Joint Publishing (H.K.) Co., Ltd.

目 錄

第一章

緒論

1.1 研究背景、目的及意義

1.1.1 研究背景

亞洲發展銀行的研究資料顯示，2005年，澳門在基建方面的投資，在二十三個亞太地區中排行第二。近這十年來，隨着澳門經濟的起飛，除澳門特區政府增加基建項目的投資外，旅遊、博彩公司亦紛紛投入大量資金開展基建項目。但過去十年的大型基建項目，無論是大型的公共基建，抑或是私人的旅遊娛樂配套項目，絕大部分一線工程的總承包商都是資金、實力雄厚的跨國建築企業。而澳門本土的傳統建築企業礙於資金、技術和裝備等方面的局限，難以取得這些項目，很多澳門本土傳統建築企業只能成為第三或第四層分包商。隨着這些基建工程的層層轉包，第三層及以後各級分包商所能獲取的利潤會不斷遞減，而風險卻會不斷上升。處於承包合同尾端的分包商為了確保一定的利潤，會出現降低工程質量、損害建築工人的合法權益等問題，長此以往，將不利於澳門建築行業的長遠發展。

未來幾年，澳門仍會有不少大型基建項目展開，為了能讓本地的建築企業參與其中，提升澳門本土建築企業的競爭能力至關重要。本文旨在通過對競合戰略的研究，為提升澳門建築企業的項目管理技能和本地承包商的競爭力提供一些可行的建議，期望能為澳門本土建築業帶來一番新景象。

1.1.2 研究意義

由於經濟全球化的不斷發展，世界經濟格局發生了巨大的變化，企業之間的競爭越顯激烈。[1] 同時，隨着回歸後澳門政府對賭權的開放態度、CEPA 的日益深化，澳門社會的經濟面貌、組織形式漸趨多元化。特別是引進了大量的外資企業之後，澳門的經濟在更大範圍內、更深程度上參與了全球化的進程。澳門建築企業的管理技術、模式要不斷創新。現代化、創新式的工程項目管理異軍突起。在這種局面下，作為重要經濟支柱之一的澳門建築業要面對各種新的挑戰。澳門建築業要摒棄以往各建築企業間重競爭、輕合作的傳統戰略模式；相反，各建築企業應加大力度尋求彼此間更多的合作途徑與機會，以實現彼此的雙贏。面對大量、大型基建項目的展開，本地小型的建築企業應聯營成中型的建築企業，中型的建築企業應聯營成大型的建築企業。只有通過這種兼併、重組才得以實現企業規模的擴大，才能提升本地建築企業的競爭力，利用創新式的項目管理，形成本地建築企業間重合作、輕競爭的新的戰略模式。

所以澳門建築企業的戰略目標必須從單純、傳統的"小圈子"文化向注重彼此間"協同"與"雙贏"的平衡轉變，而取得"競爭"和"合作"兩者效益之間的平衡，已經成為當前澳門建築企業實現企業現代化戰略所追求的目標。要實現這個目標，就必須在建築企業的日常經營管理過程中引入新的項目管理模式。

1.2 研究內容與研究框架

本書旨在通過對競合戰略的研究，找出適合澳門本土建築企業的競合戰略實施方式。本書首先闡述競爭與合作的關係，透過競合博弈模型，明確競合戰略的實施機制；第二，通過分析競合戰略與傳統競爭戰略的差異與聯繫，揭示企業實行競合戰略的優勢；第三，通過市場環境下澳門建築企業在本地競爭中的現狀及經營的整體情況，指出澳門建築企業競爭中存在的問題及成因；第四，通過對國外建築企業競合戰略評估的原則、方法、體系的構建及實例分析，為澳門建築企業的競合戰略改革提供借鑑；最後重點講述競合戰略的實施，其中主要包含競合夥伴的選擇、評價、形式及利益分配，提出了澳門建築業競合戰略實施注意事項，並通過案例來驗證競合戰略實施在企業競爭行為中的必要性。

據此，本文的研究框架如圖 1.1 所示。

1.3 研究方法

本文擬採用下述研究方法：

（1）規範分析與實證分析相結合的方法

①規範比較分析

橫向比較：不同國家及地區的比較，主要對英國、香港與澳門建築業的情況進行比較。

縱向比較：對傳統競爭框架下的企業行為與競合框架下的企業行為進行比較分析。

②典型案例實證分析

借鑑國外學者的研究，對項目建設中承包商與分包商合作關係的建立進行實證調研分析；對業主在推進承包商與分包商的合作中所起到的作用進行實證調研分析；對典型案例的實證分析。

（2）定性分析與定量分析相結合的方法

圖 1.1 論文框架圖

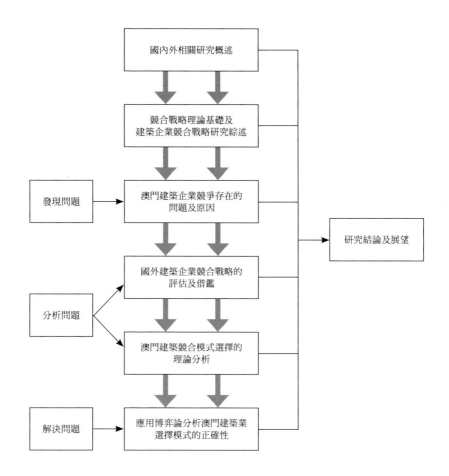

第一章

①定性分析

本書以承包商與分包商的競合為研究的核心問題，分別討論了在傳統競爭框架下出現無序競爭的原因，以及雙方進行競合的必要性和可行性，繼而對競合運行機制進行了設計，並在此基礎上探討了由項目型合作競爭轉向戰略型合作競爭的虛擬化問題，最後構建了知識創新型的澳門建築企業競合戰略的新戰略體系。

②定量分析

文章運用非合作博弈方法對傳統競爭框架下的"委託—代理"關係中的逆向選擇和道德風險加以分析，並運用合作博弈方法對競合模式下的運行機制加以模擬，並得出研究結論。

1.4 論文的創新之處

本論文的創新之處主要有以下三點：

（1）在研究對象上，填補了以往學術界對澳門建築企業競合戰略研究的空白，擴延了建築企業競合戰略的深度和廣度。

（2）揭示和分析了澳門建築業競合戰略的特性與實施注意事項。

（3）對澳門建築企業競合夥伴選擇評價指標體系提出了5C 標準的建議。

第二章

競合戰略理論基礎及研究綜述

2.1 競合戰略理論基礎

2.1.1 競合戰略的概念

競合的概念來源於合作競爭理論（cooperation-competition theory）。企業進行經營時，活動當中一定會出現競爭的情況，同時亦會出現合作的商機。競合理論呈現全新的競爭觀念，重視合作是它的側重點，摒棄過往企業執行傳統競爭戰略着重競爭時出現的弊端，將全新的競爭觀念帶入企業現代戰略的管理理論當中。競合戰略這種管理理論的核心思想是主張競合各方取得共贏，表明企業制定戰略時必須運用博弈思想展開研究，嘗試分析不同類型的商業活動中存在的互動關係，且要求所有參與博弈活動的企業、各競合參與方必須構建一個公正、平等的競合平台，藉以維繫合理的競爭關係。

競合戰略泛指通過與其他企業合作來獲得企業競爭優勢的戰略。競合戰略講求在競爭當中存在合作，在合作當中存在競爭。競合的主要任務是要達到企業優勢互補，務求令競合各方自身的企業實力變強，要將競合視為一種戰略予以執行，進而促進競合各方構建與維持企業自身在行業中的競爭地位而立於不敗之地。

2.1.2 競合戰略的目標

競合戰略的目標是提升企業自身的競爭力，優勢互補，提升企業利潤大。競合理論演變成為一種戰略，目標是要構建與維持競合各方彼此互動的一種競合關係，最後達致多贏的局面。"要創造價值，就要與顧客、供應商、僱員及其他人密切合作。這是開發新市場和擴大原有市場的途徑。"[2] 所以，企業為了自身的生存和長遠發展必須要得到其他組織或機構的配合與支持，相互合作才能達成。

競合戰略從始至終的整個構建過程都離不開博弈這種理論思維。競合講求的是"從其他參與者的認知角度"[3]來構建戰略，摒棄傳統競爭戰略這種企業只顧自身利益與生存空間的自私自利的經營方式，而着眼於構建一種顧己及人、共存的、互惠互利的新世代經營方式。博弈理論集競爭和合作兩種思想於一身而成就了競合戰略，它是一種前所未見、具有革命性、創新性的嶄新思維方式。

2.2 競合戰略與傳統競爭戰略的共通點及差異點

2.2.1 競合戰略與傳統競爭戰略的共通點

競合戰略和傳統的競爭戰略其實在諸多方面都有其共通點：第一，兩種戰略在本質的定義上是共通的。企業在競爭市場當中無論是怎樣考慮，接納何種戰略，從本質的定義上都是為了自身企業的利益，最後目的同是為了自身能爭取更高的效益，兩個戰略同是以"競爭"為最後目的。第二點，企業無論是採取傳統的競爭戰略抑或競合戰略，到最後，兩者的最終目標皆是要以最快速度贏取更多的市場，提高市場佔有率。第三點，兩種戰略同是工具戰略，兩者在戰略系統當中處於同等地位，兩者同是為了達成戰略目標的工具及手段而已，兩者同是服務於企業的經營戰略。

2.2.2 競合戰略和傳統競爭戰略的差異點

競合戰略和傳統競爭戰略的差異總體表現為下列五點：

第一點，實施競合戰略的結果是希望取得"雙贏"的結局，希望由企業彼此之間的合作形成有序競爭；而執行傳統競爭戰略，很可能會出現"零和"或"負收益"的結局，形成惡性競爭。第二點，競合戰略是一種反映"集體理性"的行為，企業彼此合作獲取"雙贏"或者"多贏"的局面；而傳統的競爭戰略則是一種"個體理性"的行為。第三點，競合戰略強調的是"合作"，而傳統的競爭戰略更看重的是"競爭"，傳統的競爭戰略認為只有通過競爭的行為，方可贏取市場地位。第四點，競合戰略由"動態視野"的角度出發，猶如在一場多人對打的"遊戲"當中作出分析與決策；而傳統的競爭戰略則是由"靜態視野"的角度出發。第五點，競合戰略由"微觀視野"的角度出發，看重"遊戲"當中競合者的態度而作出分析與決策，而傳統的競爭戰略則是由"宏觀視野"的角度出發。

2.2.3　企業實行競合戰略的優勢

企業執行競合戰略的重要優勢可概括為以下幾點：第一，競合戰略屬於良性競爭，使行業市場形成一個良性的循環體系；而傳統的競爭戰略是屬無序競爭，構成惡性循環的後果。第二，在競爭當中，市場就如一個蛋糕，競合戰略注重、強調的應該是怎樣將整個蛋糕變大之後共同分享而令資源配置得更好；而傳統的競爭戰略則注重、強調怎樣去分。第三，單憑一個建築企業薄弱的競爭能力，尤其澳門的建築企業，在國際市場的競爭當中通常呈現劣勢，故澳門建築企業彼此之間更要講求相互彼此間合作，只有執行競合戰略企業才可獲得進一步的成長。

2.3 競合戰略研究現狀

2.3.1 競合戰略國外研究現狀

當今是一個"競合"的時代。"競合"一詞源自西方,它是西方國際市場經常進行的一種博弈遊戲。目前,在經歷經濟危機與金融海嘯的重創之後,西方的企業經營者越來越能體驗到"競合"一詞對企業生存的重要性,他們都深知"競合"一詞的深刻含義:一切的博弈,並不單只是競爭而已,實際上是在競爭中融入了眾多的合作。企業只有既勇於競爭,同時又能善於合作,才能在現今這個"競合"的時代中脫穎而出。任何企業,如想讓自身不斷強大,當務之急是要樹立"合作性競爭"的意識,只要願意並善於透過合作來參與競爭,才能促進企業自身更快的發展。[4]

"競合戰略"一詞是由美國哈佛大學的 A．M．Brandenburger 教授以及耶魯大學的 B.J.Nalebuff 教授共同提出的管理學新名詞,指出互補者(complementors)為產業競爭中的第六種的力量。競合策略的主要觀念是增加互補者,運用互補戰略可使產品和服務變得更有價值。[5]

喬治敦大學的商學院 Robert M. Grant 教授在《合作競爭》中曾指出:"一個參與者可能會承擔多個角色。"

Kenneth Preiss、Steven L. Goldman 和 Roger N. Nagel 在 1997 年合寫的《以合作求競爭》一書當中指出,新型的企業無清晰的邊界之分。員工理應同合作夥伴、供應商、顧客以及競爭中的對手在工作流程、營運系統、運作等方面彼此作用、有機結合。企業理應走出單獨的交易圈子,踏入聯合王國,佔取競爭上的優勢。

2000 年，Hausken 對團隊之間的競合展開了深入的分析與研究。研究結果指出，利益主體彼此之間的競爭能起到正面的影響與作用，有利於利益主體內部成員積極性方面的提高。同時，其他利益主體之間的合作競爭情況，亦會大大地影響到這個利益主體內部的競合程度。

2002 年，由 Abuja, Manju K. 和 Kathleen M. Carley 組成的研究團隊指出，一個組織如果想維持較為長遠的一種競合關係，務必要先維持好該組織自身的穩定。該研究團隊研發出 "結構嵌入" 的網絡組織治理機制，提出宏觀文化、聲譽、集體懲罰以及限制性等四個重要因素。[6]

在 2003 年，由美國 Refik Culpan 等人組成的研究團隊，研究分析了 "合作與競爭"、"先合作後競爭" 以及 "對內合作對外競爭" 等三種類型的競合戰略。[7]

在 2005 年，Robert 和 Louis 指出，不管是組織抑或個人，都應透過競爭來合作，亦應透過合作去競爭，同時指出構建合作關係應是新興的商業競爭模式。[8]

在 2009 年，由 Garcia 和 Velasco 組成的研究團隊，透過實證研究分析得出結論：如將競合戰略與純粹的合作戰略或與純粹的競爭戰略進行實證比較，結果發現三者當中，只有競合戰略更能够提高企業自身進行革新的能力。

國外的專家學者們自從上世紀的八十年代正式提出 "競合" 這樣的一個新概念至今，在管理學研究領域中對企業的競合問題作了無數研究。但這些研究普遍以一個企業單純的自身商業利益作為起點，具有片面性與局限性，在經濟社會學理論根源方面未能考慮競合戰略更深層次的問題。[9]

2.3.2 競合戰略國內研究現狀

戰國時期，齊、楚、燕、韓、趙、魏、秦七雄並立。發展到戰國中期，齊國與秦國最為強大，東西對峙，各自爭取盟國，以圖擊敗對方。其他五國順勢而為，與齊、秦兩國時而對抗，時而聯合，變化無常——史稱“合縱連橫”，被視為中國經典外交與軍事政策。

競爭與合作戰略在現代商戰中同樣被廣泛運用：有的公司驍勇善戰，擅長硬碰硬的競爭戰略；有的公司則擅長運用整合優勢資源的合作戰略。商場如戰場，沒有永遠的盟友，也沒有永遠的敵人。如果能將競爭戰略與合作戰略有機結合，則能為企業贏得長遠成功。

國內經濟學家厲以寧曾提出過一個有別於傳統觀念的“龜兔雙贏理論”。龜兔賽跑多次，互有輸贏。後來指定路線發生變化，路中間出現了一條河。於是牠們想出了合作的辦法：兔子先把烏龜馱在背上跑到河邊，然後烏龜又把兔子馱在背上游過河去，最後雙雙獲益。這就是競合戰略的典型例子。[10]

國內學者成思危在 1998 年指出，要把“和為貴”的思想引入商業競爭中，商戰新策略應該是：合作中競爭，競爭中合作。2000 年他又指出，未來十年中國管理科學發展的三個重點領域之一就是企業間的“競爭—合作”對策。[11]

黃少安在 2000 年提出了構建一個與傳統的競爭經濟學抗衡的、系統研究合作現象的合作經濟學的構想，將合作的地位進一步提高。該文章的發表立即引起了學術界的熱烈討論，也掀起了探討競合領域的又一個高潮。[12]

目前國內學者的研究內容涉及競合的諸多方面，並作出了一定的理論貢獻：

（1）在交易費用的基礎上展開對競合的研究；[13]

（2）從競合的原理、機理角度進行研究；[14]

（3）應用博弈論與信息經濟學方法對競合問題展開研究；[15]

（4）對具體的競合模式予以探討。[16]

總體來說，我國學者對競合領域展開深入研究的起步相對西方國家而言是晚了十多年，但如果對我國專家學者們近期的研究成果作進一步的總結，可以發現當中一些新的觀點目前仍有重要的理論研究意義。

（1）從博弈論的角度展開研究

在 2004 年，我國的何慶明與戴麗萍兩位學者組成的研究團隊，嘗試以博弈論的角度展開研究，結果發現非零和的合作博弈機制能為企業構建競合戰略。[17]

（2）從產業集群的角度展開研究

在 2010 年，我國陳景輝與趙淑惠兩位專家對產業集群展開研究，他們的結論是：以嶄新思維的競合戰略與傳統的競爭戰略或者合作戰略進行分析、比較，發覺競合戰略更有益於企業的長遠發展。[18]

（3）從戰略聯盟的角度展開研究

在 2010 年，李薇與龍勇兩位研究人員對戰略聯盟展開研究，指出戰略聯盟中合作關係越密切，戰略聯盟越有助於產業的集中度提升，從而越能提高戰略聯盟在競爭市場中的穩定程度。[19]

（4）從資源整合的角度展開研究

在 2007 年，研究人員趙志運從資源整合的角度展開研究，研究結論指出：尋找適當的資源供應對象、在資源貧乏的方面展開合作是企業執行競合戰略的主要戰略思想。[20]

（5）從競合戰略實施條件的角度展開研究

在 2009 年，學者黃升旗由競合戰略實施條件的角度展開研究，指出參與競合的各方企業所經營的業務都必須要具備核心價值與核心競爭力，這是企業執行競合戰略的基本條件。[21]

（6）從競合關係建立方式的角度展開研究

在 2009 年，由楊翩翩、劉益、侯吉剛等三人組成的研究團隊提出了建議：企業如要對競爭對手的合作方式進行分析，可以由潛在進入者、供應商、顧客、行業競爭對手以及替代品競爭對手等五個層面進行分析與研究。[22]

雖然國內學者對於競合做了大量的研究，但大多局限於從經濟學或管理學的角度對競合與對抗性競爭進行分析比較，因此在很多行業的競合問題上仍存有很多值得探索的空間。

2.4 建築企業競合戰略研究綜述

2.4.1 建築企業競合戰略國外研究現狀

在二十世紀七十年代早期，美國建築業的經營狀況開始下滑。由於面臨着提高競爭力的迫切要求，美國需要尋求一種新的戰略管理模式以降低成本並增強在市場中的競爭力。

目前，國外對於建築業夥伴關係（partnering）的研究前沿正逐漸轉向對傳統夥伴關係研究（以業主與承包商間建立互惠互利的夥伴關係為研究重點）的批判以及對承包商與分包商間合作關係的研究。就目前蒐集到的資料看，主要有以下研究成果。

1998 年，尼爾‧瑞克曼等在對大量實例進行研究後發現，保證企業之間競合戰略成功，有三個不可或缺的要素：影響（impact）、親密（intimacy）和願景（vision）。[23] 結合建築企業的具體特點，可以將這三個要素具體化為利益、親密關係和目標。

Hong Xiao 和 David Proverbs 在 2002 年通過一種新的方法比較研究日本、英國和美國承包商在建築行業中的表現，研究的焦點是建築質量。作者對已完工項目缺陷予以評價，重點關注業主的滿意度水平、項目缺陷責任期長短以及對已完工項目的回訪次數。[24]

2007 年，Per Erik Eriksson 指出，儘管分包商承擔了大部分工作，總承包商對於如何與之協調仍感到困難。[25]

競合戰略中的合作並不僅局限於兩個建築企業之間，還包括與自然人及其他組織之間的合作。合作競爭的方式概括起來有以下幾種：

（1）人力資源合作競爭。

（2）職能部門合作競爭。

（3）企業聯盟。

國外學者對承包商與分包商間合作的研究主要從實證角度展開，驗證了承包商與分包商間展開合作對項目建設能夠起到促進作用，卻忽視了對合作理論的探討。

2.4.2 建築企業競合戰略國內研究現狀

對於國內建築企業來說，進軍國際市場是為了獲得更多的利潤，同時拓展企業的知名度。但是目前中國建築企業單獨的個體能力還較弱，還沒有超強的實力與國際建築巨頭進行抗衡。這就需要大家同心協力一致對外。特別是對於幾個超級大型建築承包商來講，在激烈的國際競爭中，企業從自利的角度出發，合作是一種必然選擇。

六力互動模型由國內戰略研究學者項保華提出，適用於企業戰略與環境分析。六力互動模型立足於企業，特別分析企業與市場各利益主體，即供方、買方、替代品廠商、互補品廠商、同行業廠商、潛在進入者六種與企業經營直接相關的市場力量所結成的動態競爭及合作關係。[26] 與在企業戰略實踐中為廣大學者和企業所熟悉的波特五力競爭模型相比較，六力互動模型立足於企業，而不像波特五力競爭模型那樣立足於企業所在的行業。六力互動模型的提出者從人際互動角度出發，考慮到市場多種力量之間可能存在着競爭、合作，以及既競爭又合作的多種關係，從而建立了更為綜合性的企業戰略與環境關係討論框架。六力互動模型非常適用於建築企業的戰略環境分析。建築業並不是一個簡單的生產型企業，而是涉及到房地產、建材、機械、物流、設計、監理等關聯行業和業主、政府、總承包商、分包商等多個主體。當中的各個行業和主體之間存在錯綜複雜的關係，有些時候是競爭，有些時候是合作，沒有固定的模式。而六力互動模型正是對企業戰略和環境中可能存在的多元競合互動互賴關係進行分析的有效工具。

2007 年，仇恒成在〈基於博弈論的中國建築企業海外競合戰略研究〉一文中提出了在選擇夥伴企業時應考慮的 4C 原則：

（1）能力（capability）

（2）互補性（complement）

（3）兼容性（compatibility）

（4）信譽（credit）[27]

劉文學於 2008 年在〈建築企業的合作競爭方式研究〉一文中探討了建築企業如何選擇合作競爭的方式以及適當的運作模式，以實現"雙贏"或"多贏"的目標。[28]

雖然國內學者在建築業合作機制的研究上作出了嘗試，但對建築業合作競爭問題的分析仍不夠充分詳細。合作競爭對於我國建築企業而言，還是一個新生事物，它的理論和實踐研究在我國尚處於起步階段，將來在實踐中仍需繼續完善合作競爭的理論和方法。

2.5 本章小結

過往，每一個行業的競爭者都說"同行如敵國"。現在，時代轉變了，同行之間出現很多可以合作的空間。在現代管理的實踐當中，同行競爭者彼此合作目前已經是一個流行的趨勢、一個時尚的指標。企業不再是執行單純的合併或者兼併策略，而是透過嶄新的方式，期望透過合作達到競合各方"多贏"的目標。

本書以競合戰略理論為基礎，通過對競合戰略的研究，試圖調整建築企業原有的競爭觀念，幫助企業借助合作夥伴的力量贏得市場競爭。書中進一步指出了澳門建築業競合戰略的特性，並提出實施競合的注意事項，現實實踐經驗證明，在現今瞬息萬變的市場環境之下，澳門建築企業競爭者可以進行競合的形式亦越顯靈活多變。為了闡述得更清楚明白，筆者在書中列舉與分析了常見的競合方式。同時，為了拓展過去文獻當中針對同業競爭者對"競合"的認知，本書特別指出，競爭對手彼此間開展合作是時勢所趨，是避免行業出現惡性競爭市場的方式與途徑。澳門的建築企業，特別是一些中小型的建築企業，應該改變以往將同行的競爭對手視為"眼中釘"的看法，要清楚明白，在多變的市場競爭中，"沒有永遠的敵人，只有永遠的利益"。[29] 澳門建築企業應當結合企業自身的具體情況，盡量以靈活多變的競合形式與同行競爭對手來展開合作。這不單有利企業自身的發展、且更有利於整個行業的發展，透過一起培育澳門建築行業市場，使市場變得更大更強，便可以在已經變大了的"蛋糕"當中分享更大的利益，促進澳門建築行業的競爭市場成為一個良性的循環系統，這將是今後澳門建築企業要努力邁進的方向。

第二章

澳門建築企業
經營現狀分析

3.1 澳門建築企業的歷史沿革

3.1.1 澳葡管治時代的澳門建築企業

在澳葡管治時代，建築業是澳門經濟較為重要的支柱，屬於澳門四大經濟支柱之一，繼工業及旅遊業後排於第三位。[30]

澳門建築企業的盛衰取決於澳門本地建築市場的需求，而此種需求又受以下一些因素制約：工商各業發展的速度及水平；居民收入的增長速度及水平；人口增加的數量及其素質；銀行利率的高低；社會的安定程度。

這一時期，工商旅遊各業的發展帶動了建築企業。在此期間，澳門人口增加迅速，從 1960 年的 17 萬人增至 1970 年的 24 萬多人，十年間急增了四成幾。其中有不少是東南亞、南美及南非等地來澳定居的華僑。當時的澳門僑資充斥，對樓宇需求增加。而到了五十年代末、六十年代初，有商人提議樓宇交易仿效香港的分層出售方式，獲得政府批准，四層的新式大廈開始興建，"黃金大廈" 首先推出分層出售受到歡迎，澳門建築企業從此找到了一條新的發展道路，從而奠定了拓展的基礎。[31]

1963 年至 1966 年是戰後澳門建築企業空前興旺的時期。但是，正當樓宇銷售日增、新地盤紛紛開工之時，1966年底爆發了震撼社會的 "一二·三" 政治事件。社會動盪，人心不安，資金外流，遊客減少，經濟備受打擊，建築企業首當其衝，陷於死寂狀態。1967 年全年，沒有一個新地盤開工，許多人賤價拋售樓宇，以求脫手。

1969 年，澳門建築企業再露生機，開始有部分建築商興建平價樓。到 1982 年，屋村也開始產生。屋村具有速度快、成本低（比一般成本低 30%）的優點，佑漢新村便是澳門第一座落成的屋村。與此同時，高水平的回力球場也在醞釀興建中。於是澳門建築企業跨上新的里程。[32]

在七十年代，澳門建築企業的發展大致可以劃分成三個時期：復興時期（1970 年至 1973 年 3 月）、停滯期（1973 年 4 月至 1976 年初）和蓬勃期（1976 年下半年至 1979 年底）。

踏入八十年代的第一年，即 1980 年，澳門建築企業發展處於巔峰狀態：政府批准建築圖則 282 份，比 1979 年增加 24%；落成樓宇 245 座共 1428 層，比 1979 年分別增加 18.9% 和 17%；新舊樓宇及地段成交共 3399 單，總值將近 3.12 億元，亦比 1979 年增加了 21.9%。[33]

1991 年上半年，澳門建築企業經歷了各種不利影響，市場逐步回升。到 1991 年 12 月底，興建中的地盤有 172 個，其中高層樓宇 91 個，低層樓宇 81 個，較 1990 年同期分別增長 56.4%、89.6% 及 30.65%。而計劃興建地盤共 119 個，較 1990 年同期的 82 個增長了 45%。不過土地工務司批出的工程准照卻沒有隨着市場的興旺而增加，相反批核速度有所減慢：1991 年共批出的准照為 212 份，較 1990 年的 220 份下降 5%，致使投資者蒙受一定的損失。

而從 1992 年至 1993 年初，整體樓市呈現了相對穩步發展的勢態，但成交情況比較平淡。部分買家開始轉向購買樓齡三至五年的單位，發展商亦基於澳門本島可開發的土地資源不多，逐漸把目光投向一些位於熱點地區的舊式洋樓，其目標是把整幢樓宇收購後拆除重建，因而這類舊樓的價值也有可觀的升幅。[34]

到了 1993 年，澳門建築市場開始呈下滑趨勢：1993 年
1 至 6 月，建成的樓宇單位總數較 1992 年同期明顯減少，總
數為 6662 個，較 1992 年同期的 8511 個減少了 1849 個，約
為 22%；至於新落成的樓宇為 84 幢，較 1992 年同期的 137
幢減少了 39%；正在開工的地盤為 126 個，較 1992 年同期
的 162 個減少了 22%；而空置地盤為 53 個，較 1992 年同期
的 22 個增長了 140%。究其原因，除政府批出准照（圖則）
的速度未能跟上社會的需求外，發展商、建築商亦對政府草
擬中的新防火安全例樣持審慎觀望態度，不願貿然動工。當
然，樓市的整體走勢亦為需要考慮的因素之一。

統計數據顯示，1993 年上半年新動工樓數量為 91 幢，
下半年為 79 幢，減少了 12 幢，即 13%；1993 年未開工地
盤為 94 個，比 1992 年的 83 個增加了 13.3%；1993 年空置
地盤則有 53 個，比 1992 年的 22 個多出 140%。到了 1994
年，落成地盤有 127 個，這些都是在地產高峰期動工，而經
過一段時間後竣工的地盤。而 1994 年未開工的地盤有 280
個，較 1993 年多了 197%。1994 年空置地盤為 158 個，較
1993 年多了 198%，且是五年來空置地盤最多的年份，反映
了發展商及建築商所持的觀望態度，房地產的困局仍然困擾
着澳門。1995 年仍然是房地產市場的調整消化年。澳門建築
企業的發展在 1997 年內持續放緩。[35]

澳門建築業有四百多年的歷史，但真正蓬勃發展，也是
近四十年的事。這四十年來，澳門建築企業的發展不僅表現
在建築數量的增加，而且表現在其質量的提高。建成的樓宇
越來越高級和豪華，例如 1981 年在雅廉訪馬路落成的 "幸運

閣"高達 34 層;南灣商業中心和國際銀行大廈均高達 30 層。

澳門的建築企業,按其從事工程的差異可以分為探土挖泥、地產工業、興建與改建樓宇築物工程、土木工程、樓宇安裝工程。其中興建與改建樓宇築物工程及樓宇安裝工程佔最大比重,佔全建築企業營業總額的 66%。

澳門建築企業的經營方式,一般都是採用連工包料計價,通過合約的方式進行。政府的建築工程則是通過投標競爭承建合約的方式。[36]

澳門的建築企業,隨着建築業的發展而不斷增加。據統計,在政府工務廳正式註冊的建築企業,1960 年有 54 家,1972 年發展到 60 家,1981 年增至 188 家。全澳原有建築工人約四千人,1981 年增加到一萬人。澳門的樓宇基本上都是由這一支建築隊伍建造而成的。[37]

澳門在回歸祖國前夕,於 1994 年 11 月 5 日成立了中華人民共和國澳門特別行政區政府土地基金投資委員會、土地基金諮詢委員會。這對於當時即將要回歸祖國的澳門,特別是對建築企業來說,是一件重要紀事。其中土地基金投資委員會由當時的澳門銀行公會主席何厚鏵(後來擔任澳門特別行政區第一、第二屆行政長官)、中國銀行澳門分行總經理王振鈞、澳門國際銀行副董事長李海清、中葡土地小組中方首席代表丁寶年等組成。土地基金諮詢委員會由澳門工商、金融、文化、教育、勞工、社會服務,宗教、政治等各界知名人士以及部分澳門地區人大代表、政協委員共 27 人組成。新華社澳門分社社長郭東坡表示,根據中葡聯合聲明的有關規定,中葡土地小組中方代表處在過渡期負責澳門特別行政區土地基金的管理工作。[38] 隨着土地基金數額增大(據悉,

1994 年 10 月底土地基金總數已達 52.96 億澳元），土地小組對基金管理工作提出了更高的要求，設立 "兩會" 是進一步加強和完善土地基金管理工作的一項重要措施。而在回歸祖國前夕，澳門的葡資建築企業重新計劃發展方向，葡資建築企業於八十年代初期進入澳門，當時澳門政府正開始計劃大型的基礎建設。這個時期，在澳門設立的葡資建築企業有偉龍、德力、大成、澳嘉、森美等，他們都參與了澳門路環深水港、氹仔國際機場的興建。1994 年通車的澳門新跨海大橋就是由葡資建築企業組成的葡資集團總承包的。長期以來，葡資建築企業憑高品質而贏得眾多建築工程，尤其是公共工程。[39]

到 1994 年末，澳門政府大型基礎建設將完成 70%。面對當地和中資建築企業的競爭，葡資建築企業越來越感到不可能繼續以往的光輝日子，要重新計劃將來的發展方向。在此後一兩年內，葡資建築企業面對珠澳鐵路和路氹間的填海工程，仍能較容易地獲得合約。但從長遠考慮，葡資建築企業很可能採取合資的方式競投新工程。另一方面，面對亞洲地區經濟的高速發展，葡資建築企業已開始在中國、馬來西亞、泰國和菲律賓市場開闢新渠道。[40]

在澳門建築地產界，中資企業佔 40%。澳門與內地的經濟合作具有很大的潛力，而澳門的中資企業由於熟悉中國情況，可盡享 "近水樓台先得月" 的優勢。目前在澳門的中資建築企業有：中國建築工程（澳門）有限公司、南方公司、振華港灣公司、中福公司，廣東國際公司、珠光集團公司、建興龍（澳門）企業有限公司、光大聯發（澳門）投資有限公司、快樂實業發展（澳門）有限公司等十多家，約佔澳門建築地產界 40%。[41]

　　中葡兩國關係良好，中資建築企業擁有較強的技術實力，目前澳門地區較大型的公共建設工程以及大型房地產項目，許多都是中資建築企業直接承擔或分擔的，如振華港灣企業承建的新澳氹大橋、中國港灣建設總公司總承包的澳門國際機場、中國建築工程（澳門）有限公司承包的澳門國際銀行大廈和九澳油庫等。還有許多大型房地產項目，如堪稱澳門之最的五星級新世紀大酒店、澳門中華總商會大廈、新建業商業中心、寶輝海景花園、樺城新莊等，也都是中資建築企業承包承建的。這些工程進度快、質量好，受到普遍稱讚。其中澳門國際機場是澳門有史以來最龐大的公共工程，對澳門地區經濟發展有重大作用，其工程量大、工藝複雜、技術要求高，但在中國港灣建設總公司的努力下，工程比計劃提前四個月竣工，贏得了很高的聲譽。中資建築企業還參與房地產開發以及大型建設工程的投資，對澳門地區的經濟及建設都有較大影響。中資建築企業以其優良的業績樹立了良好聲譽，贏得了澳門政府和當地社會的歡迎和一致好評。[42]

　　九十年代後，中資建築企業在澳門地區承包工程和勞務合作逐漸增多，澳門成為中國開展對外承包與勞務合作的主要地區之一。1994 年在澳門地區新簽合同成交額為 4.33 億美元，比上年增長 1.64%，佔中國對外承包勞務合同成交額總額的 5.42%；完成營業額 5.89 億美元，比上年減少 12.48%，佔中國對外承包勞務營業額總額的 9.85%。[43]

3.1.2 回歸初期的澳門建築企業

澳門作為一個特殊的微型經濟體，其產業結構有明顯的特殊性。總的來講可以概括為：產業結構高度服務業化，各大產業內部高度集中化，表現為第三產業佔生產總值的絕大部分，第二產業高度建築業化，第三產業高度博彩業化。圖 3.1 顯示了十二年來澳門三大產業在生產總值中所佔的比重。[44]

再進一步考察澳門第二產業的情況。圖 3.2 顯示了 1991 年到 2008 年十七年間澳門第二產業中各個產業的產值變化趨勢。從圖中可以看出，第二產業中製造業原來是佔到最大比例的，但是隨着澳門博彩業的興起和澳門經濟的發展，自 2002 年起，澳門的建築業開始騰飛，之後一直以驚人的速度增長。[45] 從 2005 年開始建築業產值大幅超過製造業。之後，建築業開始取代製造業成為第二產業中比重最大的產業。從圖 3.3、圖 3.4 可以看出，2008 年建築業在第二產業中的比重已佔到 80% 之多，發展速度十分驚人。建築業 2008 年的產值已經超過 161 億澳元，製造業產值則下降到佔第二產業產值的 13%，水電及氣體生產供應業佔到了 7%，而採礦業則幾乎可以忽略不計。[46] 由此可見，澳門第二產業的結構在這十七年間發生了巨大變化。[47] 澳門建築業由原來在澳門第二產業中名列第二迅速上升到掌握澳門第二產業中超過半壁江山、在澳門第二產業中佔絕對優勢的地位。[48]

圖 3.1 澳門各產業在生產總值中所佔比重

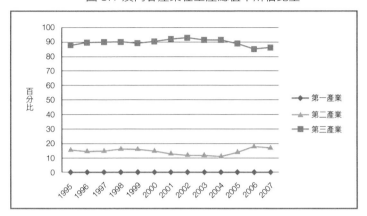

（數據來源：世界銀行數據庫）

圖 3.2 1991-2008 年第二產業各產業的增加值

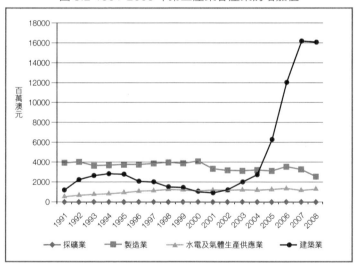

（數據來源：澳門統計暨普查局）

圖 3.3 2008 年第二產業各產業的增加值

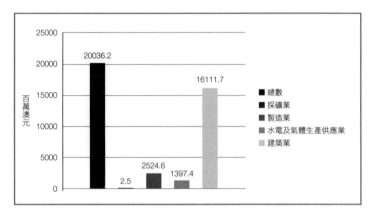

（數據來源：澳門統計暨普查局）

圖 3.4　2008 年各產業在第二產業中的比重

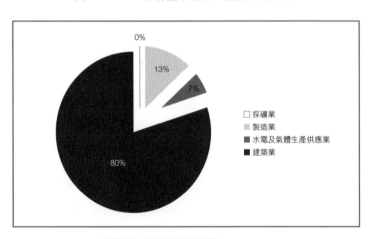

（數據來源：澳門統計暨普查局）

表 3.1 澳門建成樓宇和新動工樓宇情況

年份	建成樓宇			新動工樓宇		
	樓宇數目	單位數目	建築面積 *	樓宇數目	單位數目	建築面積 *
	數目	數目	平方米	數目	數目	平方米
1991	198	11,440	1,260,050	-	-	-
1992	184	12,983	1,198,633	219	13,552	1,413,488
1993	206	15,668	1,427,298	170	14,386	1,616,129
1994	142	9,553	1,140,882	199	17,136	2,231,252
1995	235	9,432	1,221,131	154	12,584	1,581,985
1996	166	16,866	1,908,260	109	8,253	758,604
1997	108	9,096	1,149,961	92	7,684	853,251
1998	90	8,321	969,192	74	3,825	569,987
1999	65	5,389	668,778	55	3619	417,225
2000	76	3,146	370,315	34	1,167	202,776
2001	61	2,622	404,325	22	812	158,279
2002	26	381	102,549	38	1,326	157,494
2003	33	1,566	243,023	38	2,658	533,016
2004	28	1,108	215,108	93	2,757	715,209
2005	48	1,277	391,487	85	4,947	2,133,019
2006	86	3,026	1,276,321	67	3,871	985,570
2007	76	2,051	1,926,247	73	4,390	2,199,805
2008	53	1,177	584,147	37	2,046	533,310
2009	52	3,251	1,406,242	45	1,547	228,874

（數據來源：澳門統計暨普查局）

圖 3.5 澳門建成樓宇和新動工樓宇的數目

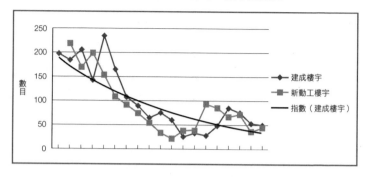

（數據來源：澳門統計暨普查局）

圖 3.6 澳門建築業產值在本地生產總值中的份額

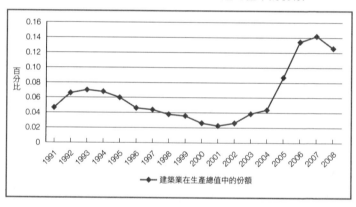

（數據來源：澳門統計暨普查局）

從表 3.1 中的數據可以看出，從 2002 年起建成樓宇數目和新動工樓宇數目開始有所增加。[49] 但是整體來看，澳門建成樓宇數目和新動工樓宇數目都是呈下降趨勢，這一情況從圖 3.5 也可以清晰看到。

澳門建築業的復甦使得澳門建築業在本地生產總值中的份額也有所上升。從圖 3.6 中可以看出澳門建築業產值在本地生產總值中的份額從 1993 年起到 2001 年一直呈現下降的趨勢，從 2001 年開始扭轉成上升態勢，2003 年以後更是飛躍式地發展，直到 2008 年由於國際經濟危機的影響，建築業的發展才停住了衝刺的腳步。[50] 即便如此，2008 年建築業的產值在澳門本地生產總值中的比重也達到了 12.6%。

澳門建築業的大幅起落，從時間段上也可以看出，與內地實行宏觀調控政策的鬆或緊，以及與澳門實行賭權開放前後經濟增長的高或低都有直接關係。[51]

澳門於回歸初期的 1999 年至 2003 年受到亞洲金融風暴的衝擊，又受到 2003 年 SARS 疫情的影響，整個建築業市場停滯不前、毫無生氣，澳門建築企業面臨嚴重的考驗。澳門統計年鑑的數據顯示，回歸祖國初期的 1999 年至 2003 年，建築企業在澳門的投資，無論從數量還是從規模上看，都處於低谷期。[52] 特別是 1999 年，當時在澳門登記註冊的建築企業共有 399 家，而 2007 年有 1403 家，是 1999 年的 3.5 倍。而根據澳門統計暨普查局的數據，1999 年澳門的總承建商興建的建築場所只有 863 個，是 2007 年數量的一半左右，如圖 3.7。

圖 3.7 澳門回歸後總承建商興建建築場所的數目

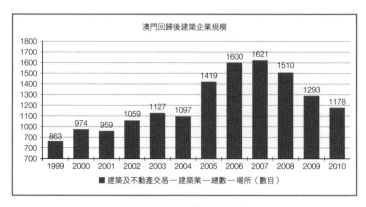

（數據來源：澳門統計暨普查局）

3.1.3 二十一世紀的澳門建築企業

踏入二十一世紀，澳門建築企業所面對的境況可以用"峰迴路轉，先苦後甜"來形容。上一章節提到澳門於 1999 年至 2003 年，即剛踏入二十一世紀的初期，受到亞洲金融風暴餘波及 2003 年非典的驟來的影響，澳門建築企業面臨極嚴峻的考驗。但到了 2005 年，由於金融風暴及非典疫情已過，澳門建築企業經營狀況隨之好轉。與此同時，澳門建築企業的命運往往與澳門的經濟市場息息相關。[53]

由於中國中央政府於 2003 年底放寬了對旅行團的管制，實施港澳個人遊政策，使得來自中國大陸的遊客數量急劇增加。2005 年，訪澳旅客總數達到逾 1,879 萬人次的新高紀錄，也正是因為這個原因，亦有賴於博彩業稅收的增加，澳門政府能夠在 2002 年恢復盈餘狀態，其收入的大約 70% 都來源於此。[54] 例如 2005 年上半年，澳門的博彩稅收入達 226

億澳門元，與同期相比，增長達 14.5%。澳門賭博壟斷的自由化成為當時 GDP 增長的因素，有三間公司被授予賭博的執照，他們承諾在區內投資 22 億美元，實際數目更很可能超越此數。澳門大多數的紡織企業可能會轉移到大陸，區內可能需要更多地依靠賭博業及其相關服務行業帶來的經濟增長。兩間新建的賭場持有外國賭博許可證，於 2004 年開放。[55]

2004 年 1 月 1 日，澳門和中國大陸的 CEPA 將使澳門製造的產品免關稅進入中國大陸，而且被 CEPA 影響的產品範圍在 2005 年 1 月 1 日以後更加擴大。

再者，作為 2005 年東亞運動會的承辦者，澳門興建了大量基礎設施，再加上多項博彩旅遊設施的落實，使澳門建築業有較好的發展。2005 年上半年新動工樓宇建築面積為 13.8 萬平方米，增長 46.8%；而樓宇單位買賣數目為 19,485，總交易金額為 121.6 億澳門元，分別上升 59.6% 及 82.6%。[56]

而在 2006 年，澳門本地人均生產總值首次超越香港，達 22 萬澳門元，創下歷史新高。

從由 2004 年到 2007 年這段期間，數以百億計的外商資金被用以興建世界級的項目，澳門整體經濟增長超過 20%，失業率下跌至 4.8%。相應地，建築工人日薪比 2003 年上升了 13%，不少已轉行的建築工人重投建築業。[57] 良好的發展勢頭亦吸引香港建築工人來澳工作，勞動市場也輸入一定數量的外勞，以舒緩建築工程所帶來的勞動力短缺情況。[58]

彼時，樓宇交投轉趨活躍，優質高層住宅陸續推出以吸引外資購買，樓價快速被推升近七成。然而，樓宇空置情況仍然存在，新舊住宅、商住單位合共數千個，房地產出現一些過熱以至炒賣現象。因此澳門政府在 2004 年 4 月份修訂

《投資居留政策》，提高申請門檻，除增加投資金額外，再附加其他條件，以調節升溫的房地產市場，避免出現"有新屋無人住、有人無新屋住"的不正常現象。[59]

2005 年由於有祖國開放自由行及緊密經貿安排等多項政策的大力推動，港澳地區各行業欣欣向榮，居民安居樂業，就業情況得到改善，市民消費信心隨之增強，投資環境漸趨完善，多項利民法規逐步修訂，大型公共工程及區域美化重整建設繼續展開，政府各項大型建設及私人建築投資項目增加，整體經濟增長，失業率降至 4%。因應建築業持續興旺，連帶建築工人日薪及建材價格大幅上升 30% 以上，令建築成本大大增加。[60]

2006 年博彩旅遊業發展勢頭暢旺，外來投資踴躍，失業率降至 3.4%。因應國際權威財經分析員給予正面樂觀的評價，大量的外地投資者入市置業，就業市場普遍理想，樓價飆升速度驚人。[61]整個房產市場亦出現兩極性的銷售趨勢，高價的樓盤買家基本上都是外來投資者，而本地一般的客源普遍會購置價值 200 萬左右的單位。建築工人薪酬上升，本地專業工程師及技術工人又不足以應付當時工程所需，因而引入大量香港技術工人來澳工作。根據勞工局數據數據顯示，2006 年 12 月有三千多香港的建築工人，作為高技術建築工人輸入的補充。[62]

2007 年延續經濟強勁增長之勢，位於路氹區新近落成的世界級會展設施得以全力啟動，相關行業蓬勃發展，各類型的會展項目能吸引更多來自世界各地具高消費力的會展客源來澳消費。國際財團的巨額資金相繼在澳尋找商機，帶動經濟高速增長，本地就業市場極為理想，失業率一度低於 3%。

雖然 2007 年中政府中止"投資居留"政策，而待審批的個案仍在進行，因此市場未見較大調整。[63]

自 2005 年初開始，私人建築及大型工程繼續展開，加上趕工等原因，人力資源緊缺，連帶工資連續三年大大上升，唯有輸入外地技術僱員以補不足。而據 2008 年初數據顯示，建築行業的外地僱員共 10,965 人，其中有 4,441 人自來香港，作為高技術建築工人的補充，來自中國內地的外地僱員約有六千。另有一萬二千多名屬博彩公司直接聘用的建築工人於市場上從事相關工作，主要都來自中國內地和香港，當時全澳的外勞總人數為 85,000 人。隨着建築工程的興旺，加上整體物價高漲，各類建築材料價格節節上升，大部分建材組別的價格指數均有較大升幅，令建築業的營運成本大幅增加。[64]

2004 年至 2007 年是澳門建築企業踏入二十一世紀以來最風光的日子。據澳門統計暨普查局的數據顯示，2005 年至 2007 年是澳門建築企業數量與規模投資在澳門市場最多、最大的年頭，如圖 3.8。特別是 2007 年，當時澳門市場的投資規模幾乎是 1999 年的 5 倍，是 2002 年的 14 倍之多。

雖說踏入二十一世紀澳門建築企業的境況是"峰迴路轉，先苦後甜"，但並不代表"一帆風順"。[65]

2008 年及 2009 年，澳門經濟回落，澳門建築企業步入調整期。踏入 2008 年的澳門建築企業，面對金融海嘯的威脅，當時投資澳門的美資企業撤走大量投資基金，牽引澳門經濟命脈的路氹金光大道計劃被迫停工擱置。金光大道整個項目總投資額預計將達到 120-150 億美元（折算約為一千億澳門元），耗時約七至十年，分三期發展七個地段。[66]

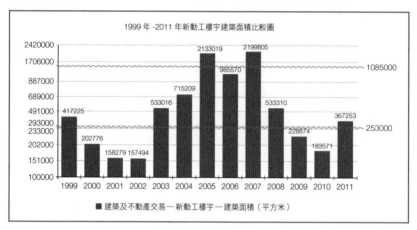

圖 3.8 1999 年 -2011 年新動工樓宇建築面積比較圖

（數據來源：澳門統計暨普查局）

　　由於路氹金光大道計劃是當時澳門的重量級建築投資項
目，因此，該計劃的擱置對當時的澳門建築企業來說無疑是
一場沉重的打擊。

　　2008 年經濟發展開始放緩，美國次貸風暴引發全球金
融危機，各國採取保守緊縮政策，博彩旅遊業遭受嚴重打
擊。個別位於路氹城金光大道的外資大型投資項目被迫暫停
施工，大批中外建築工人被解僱離場，嚴重影響本地勞動市
場的穩定與就業。參與私人項目的建築商則面對難於解決的
業務困境和承建業務被突然中止所衍生的各種問題。[67] 外
來資金大幅減少，各類商業投資受阻，業務萎縮，就業市場
收窄，令整個樓宇買賣市場出現大幅度的下調，交投量出現
明顯的減少。同時，企業營運的調整、大量外地僱員被解僱
離澳，間接帶動租賃市場的下調，租務需求進一步的減弱。
2008 年全年的住宅樓宇買賣單位數目為 13,732，比 2007 年有大幅下降約 50%。2009 年第三季度，全澳外地僱員總人數回落至 78,000，失業率調整至 4.6%。公共工程與私人項目也未有按時批出，令可動工之項目寥寥可數，難以保持本地勞動市場的穩定與就業。而本澳大型項目相繼落成投產，增加本地建築工人就業的困難。[68] 特區政府為改善經濟環境，增加對公共建設、維修及優化重整等各項工程的投資，又推出一系列政策以緩解行業緊張形勢。[69] 4 月份政府推出物業轉移稅階梯式調減新制，6 月份再次推出《購買房屋四厘利息補貼計劃》，9 月份再啟動社會房屋申請，以協助一般市民購買物業及解決社會低下階層的住屋問題。[70]

隨着港珠澳大橋、輕軌工程、澳大橫琴新校區興建計劃及新填海造地等大型工程的展開，本來將有望協助行業走出困境，但基於種種因素，尤其是相關部門和部分官員消極不作為，令有關項目並未能如期開展，或執行情況遠低於業界的受惠預期，令業界再一次失望。本地同業均感行業前途黯淡，但依然繼續履行企業的社會責任，咬緊牙關，力拼力撐，支持特區政府施政，保證社會平穩。[71]

1937 年，科斯（Ronald H. Coase）在《企業的性質》一文中提出，廠商間的交易並非如傳統的經濟學派所描述，廠商之間交易成本為零的狀態，可使交易在市場中完成。[72] 因此，科斯對傳統的廠商解釋提出質疑，他認為在交易過程中，交易的雙方可能會因環境的不確定性以及人類的有限理性，使交易產生額外的成本，即交易成本。交易成本理論的出現，對理論和實踐均有重要的意義。迄今為止，交易成本理論顯然已經發展為全球管理和組織研究中一種廣受關注的基本觀點。[73]

（1）公共工程推出無序，公共投資執行率低，間接造成公帑浪費。

公共工程具有工程複雜及政府投資預算龐大等特性，其執行績效將影響政府預算的分配及經濟的增長。若從公共工程執行的流程來看，其規劃設計、土地取得、開發許可、環境影響評估、招標簽約、工程實施及監督驗收等每一流程都必須按原規劃依時進行，方能達到預算績效。

實際上，公共工程執行的每一流程都可視為一組交易活動，根據交易成本理論，每一交易活動執行正常與否，將反映該項活動成本並影響其後續流程活動的成本。例如，公共工程執行落後將導致工程實施執行成本及協調、監督成本的增加；公共工程年度執行預算的保留將排擠其他工程編列預算的機會，產生所謂機會成本；公共工程完工期延後，不單影響公共設施發揮的效用成本，更嚴重還會直接影響市民的生活水平和就業。

另外，過去幾年的數據顯示，政府公共工程執行率普遍存在偏低的情況，這直接導致業界經營成本增加，整個建築業界長期無工可開。業界希望政府關注相關問題，防止建築商及工人失業，造成民心不穩、社會動盪。

另外，從運輸工務系統新一年的施政方針得悉，未來政府將陸續推出輕軌、萬九公屋等一連串大型公共工程，部分大型博企工程及私人工程最近亦轉趨活躍，令業界在對前景充滿期待之餘，又擔心政府不考慮業界的實際吸納能力。實際上，一窩蜂推出大量公共工程的政策，會在短期內超出行業的吸納能力。

（2）人力資源失調。

學者認為，人力資源是經濟發展的根本，對經濟社會發展過程起決定性的作用。然而，"近年澳門經濟高速發展所帶來的人力資源問題，已經成為本澳社會各界關注的議題，並且已經成為小城可持續發展的一大瓶頸，也是構建和諧社會過程中面臨的一大難題。"[74]

業界支持打擊黑工。目前，業界普遍預期建造行業將進入另一番景氣，人資問題勢必再成社會討論焦點。關於人資短缺，澳門社會科學學會人力資源課題組在《澳門人力資源考察報告》中認為："人力資源開發……這需要政府、企業和勞動者本身三方面的共同努力。政府要制訂好人力資源培養方針政策，創造一個良好的培養人才的大環境；企業要合理使用人才，調動人才的積極性；勞動者個人也要努力學習，自我升值。"[75] 業界因此希望政府能就目前的人力資源政策是否有利於可預見的經濟發展速度及規模作出評估，並需建立一套完善的短期、中期及長期的本澳人力資源政策，且向外界公佈，好讓業界準備和配合。

黑工泛濫與人資缺乏密切相關。然而，經濟學家認為，黑工替代當地工人，將會降低本地工人工資，增加本地的失業率，亦影響正當商人的競爭力，更嚴重的是擾亂人力資源市場，並形成社會資源壓力，加劇當地居住、交通、衛生、醫療種種資源成本，最終造成當地人民反彈，引發社會震盪。對此，業界普遍贊同及支持政府打擊黑工，並呼籲從黑工問題的源頭着手，對症下藥。業界建議加速立法並把檢控程序簡化，將黑工及直接僱用者一律收監及重罰，加重黑工及使用黑工者的成本，雙管齊下，定能起阻嚇及警惕作用，有效遏止黑工問題。[76]

除黑工泛濫外，政府也往往從業界中挖角，"與民爭利"，導致業界在人力資源競爭中成為吃大虧一方。業界希望政府不要再在企業挖角，從大學吸納新畢業生，着力培養。同時政府更應落實執行扶持本地中小企業政策，科學施政，促進澳門產業相對優化，保持澳門長期繁榮穩定，積極配合國家落實"十二五規劃。"[77]

（3）公共工程的招標及評標欠統一準則，令業界無法健康成長、有序競爭。

有專家學者指出，在許多產業中，主要標準的制訂是一個重要的戰略問題，部分學者將標準視為一種制度，它是技術、商務和程序溝通的必要機制。作為有關主體之間相互合作和篩選過程的結果，它提供了交易結構，因而可以降低交易成本和轉化成本，還會產生技術創新、各種組織安排和行為規範。相較而言，本澳建築業標準的制訂仍有很大的改善空間。[78]

歐文龍貪污案的發生，除引起了社會的震驚之外，亦動搖了政府工務部門體系的公信力。各工務部門為杜絕外界及公眾對他們的誠信質疑，為了絕對避嫌，便把所有公共工程的評審工作都交給所謂獨立的評審委員會評分。各評審委員的資格從不公開，個別亦備受業界質疑。各部門更不會對評審結果作出任何形式的行政干預，直接根據這個不平等的機制得出的結果分配工程。這看似公平的評標及判給安排，實際存在很大的漏洞，導致工程分配極不公平，值得工務部門深思及關注。[79]

專家學者通過研究分析更發現，目前政府公共工程投標對承建商的評分標準存有很大的爭議。較典型的情況是不同政府部門要求的標準不一，甚至同一部門對同一事例亦有不同的計分標準，不僅使業界無所適從，更導致判給過程出現不合理、不公平的競爭現象，甚至有機會成為腐敗的溫床。業界希望政府能統一機制，將有關評分以科學方法量化、透明化，排除主觀因素的影響，方便其他部門客觀評核，共同建立健康的營商環境。

除判給爭議外，業界亦一直為收則程序困難所困擾。一般來講，政府在接收承建商交付的完成項目時，往往基於項目某些問題只作臨時驗收。對於項目的問題，過往大家會按傳統做法按合約和行規跟進並解決相關問題。然而，由於官員過分避嫌和不作為，更由於相關法例的滯後或因物料廠家的保養期限和自然現象等客觀因素影響，承建商往往遭受工務部門拒絕收則及結付工程款。一些案例是新舊問題交織，最終導致項目收則無期。承建商因此無法收回預付的保證金，直接影響其資金周轉及生存能力。[80]

3.2 澳門建築企業經營整體情況

3.2.1 規模與協作現狀分析

澳門的建築企業由於數量很多，從地區性量方面來說在世界當中處於領先地位。[81] 澳門統計年鑑的數據顯示，2011年澳門建築企業已經達到 2,320 家，如表 3.2。從整體來說，以往企業採取分散的經營方式，讓澳門的承包商難以在大部分大型投資項目上跟國際大型承包商競爭。[82] 無奈大部分本地企業只能在相對簡單的經營業務層面來執行低層次與重複性的競爭，結果極難達到規模效益。但近年來，這種現象逐步改善，部分建築企業開始注重專業分工與協作，形成較大的規模效應，從而普遍提升了企業的國際競爭力。[83]

表 3.2 澳門回歸後建築企業的數量

年份	1999	2000	2001	2002	2003	2004	2005	2006	2007	2008	2009	2010	2011
建築企業數目	399	437	458	478	538	638	824	1117	1403	1804	2025	2167	2320

（數據來源：澳門統計暨普查局）

3.2.2 經營管理現狀分析

建築業在澳門是一個重要的行業，1992 年註冊建築商 239 人，建築置業公司 170 家。若按資本結構來劃分，本地公司約佔 70%，中資約佔 30%。大中型建築公司數目不多，卻控制着本澳約 2/3 的建築量。

現今建築商從私人或政府取得承建工程合約後，通常會根據整個工程專業分工的需要，將工程分作若干部分，例如拆屋、打樁、搭棚、紮鐵、木工、泥水、油漆、門窗、電器、水喉、地基、防水系統、電梯、清潔等，以分包形式分別承包給主持這些工程的人士或公司進行，承包的人士俗稱為"判頭"。

分包建築的形式始於抗戰時期，六十年代後期起逐漸普遍，主要是因為當時的工商業日趨發展，樓宇工程日漸擴大，建築公司的業務量比以前增加了很多，工程亦日益複雜，一家建築公司不容易同時擁有全部施工設備和技術工人。[84] 一個建築商亦不容易具備全部工序所需的業務知識。為了減輕業務上的負擔，保證工程的質量並按期完成，就必須將工程分給專業人士負責,建築商人便可以將精力集中到擴展業務上。[85] 領取施工牌照是建築商人或建築公司的責任,判頭是無需領取牌照的,但必須具有較豐富的專業技能和高度的責任感。至於工程使用的材料,大部分是由建築商供給,判頭只作人力及技術上的操作和指揮,但還須視情況而定。當判頭或任何人士手頭上擁有一個地盤想自行承建,但由於他們沒有建築牌照,他們通常會向建築商借牌,然後申請施工,建築商則會按建築費的百分比收取借牌費。[86] 按法例規定:建築商在送交工務運輸司審批的工程計劃(圖則)、工程計劃草案及修改工程計劃時,由工務運輸司註冊的技術員簽署。技術員、建築公司及建築商在發出使用許可證之日起計五年內,必須負起保障已完成建築物安全及堅固的責任。

隨着澳門賭權的開放、澳門建築市場的興旺,高質素的大型酒店以及超豪華樓宇應運而生,從而帶動了整個建築行業質量的提升與發展。現今,澳門的建築企業懂得重視應用現代化的管理手段來經營企業,同時,企業從以往重競爭、輕合作的傳統經營戰略,轉變成現在重合作、輕競爭且極具前瞻性的新經營戰略,充分發揮了自身的資源和優勢,在國際競爭中從被動的角色慢慢向主動的角色轉變。

3.2.3 資金現狀分析

澳門屬小型經濟體系,沒有資本市場,除企業自有資金,銀行信貸是企業融資的主要管道。澳門的建築企業,大部分的經營規模較小,以中小企業為主。根據澳門金融管理局的數據顯示,2011年底,銀行對"建築及公共工程"的中小企業貸款，佔貸款總額最大的份額，達 37.4%，金額為 126 億。第二及第三大組別為對“批發及零售貿易”及“製造工業”的貸款，比率分別為 19.8% 及 9.8%，如圖 3.9。與 2011 年 6 月底相比，銀行對“建築及公共工程”的貸款額上升了 16.6%。[87] 圖 3.10、圖 3.11 分別是 2010、2009 年 12 月底按行業分類的中小企業貸款比例。從圖中可見，澳門的建築企業在銀行中小企業貸款中佔了很大比重，亦可以說，澳門建築企業的資金來源主要是從銀行信貸中取得。[88]

澳門的建築企業裡，中資企業佔了很重要的地位，特別是回歸以後，很多葡資企業轉回葡萄牙或轉往其他東南亞地區發展，更有部分以結業收場。十幾年來，中資企業共承擔了澳門黑沙灣、外港新碼頭、北安二期、污水處理廠、南灣湖整治等大型工程，如近期的澳門大學橫琴校區由廣東南粵集團有限公司承建，本澳輕軌工程由中國鐵建企業承建。而

圖 3.9　2011 年 12 月底按行業分類的中小企業貸款比例

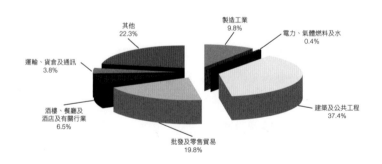

（數據來源：澳門統計暨普查局）

圖 3.10　2010 年 12 月底按行業分類的中小企業貸款比例

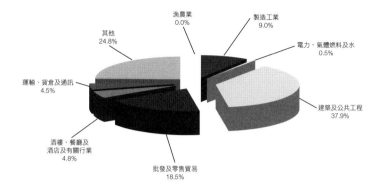

（數據來源：澳門統計暨普查局）

圖 3.11　2009 年 12 月底按行業分類的中小企業貸款比例

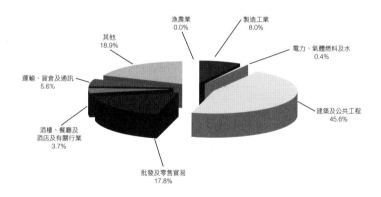

（數據來源：澳門統計暨普查局）

承建大型工程項目的中資企業，其資金主要是從銀團信貸中取得。

3.2.4 技術水平現狀分析

過去，澳門建築企業由於工程量較少、規模不大而導致建築技術、管理水平落後於鄰近的香港。但隨着賭權開放，澳門各大賭場酒店如雨後春筍般不斷的動工興建。同時，澳門的大型基建項目亦隨着澳門外匯儲備資產總額的不斷攀升而陸續動工。澳門特區金融管理局公佈的數據顯示，截至2012 年 8 月底，澳門外匯儲備資產總額初步統計為 1,332 億澳門元。目前，澳門的建築承包商所擁有的施工技術水平、設備先進程度、項目管理水平等在亞洲地區乃至全世界的發展中國家裡已經取得優勢。澳門建築工人經過多年培訓，技術水平、施工標準已追上香港。相信，隨着澳門繼續繁榮與穩定，澳門建築企業將會朝向對技術、環保、衛生安全的更高標準邁進，從而提升澳門建築企業在國際間的競爭力。[89]

3.2.5 人才現狀分析

近年來，隨着澳門各大賭場酒店及城市基建項目陸續動工，不少香港的建築公司到澳門承包工程。在眾多工程項目當中，有由港資及中資建築公司獨力承包的，也有港資與外國建築公司合作承建的。如威尼斯人酒店上蓋工程，就由香港的金門建築與澳門的美昌建築合作承包。美昌建築董事總經理王宗發表示，過去，澳門建築工程量較少，人員即使經過培訓，市場也未必完全容納。但現在已不能同日而語，單是於 2005 年 5 月動工興建的澳門威尼斯人度假村酒店一個項目，樓面面積已達 35 萬平方米，比澳門從前一年樓宇總建築面積還要多，而且要求在兩年內完成。即使將全澳建築業的所有勞動力全部投放於這一個項目，也很難應付。

香港金門建築執行董事黃乃強表示，香港工程量由高峰期的每年 1,000 億港元，跌至 2004 年的 650 億元。工程量大減，勞動力出現剩餘。因此，即使香港有大量的建築工人到澳門工作，也不會引致香港建築業出現人手緊缺。如威尼斯人酒店上蓋工程約聘有一百多名技術及管理層人員，其中七成是香港人。勞工方面，整個酒店項目約聘用了兩千多名勞工，同樣有七成是香港人，其餘三成則是澳門及內地的建築工人。

3.2.6 市場競爭秩序現狀分析

目前，澳門的建築市場空前擴張，澳門本土的建築企業在承接大型賭場酒店工程及大型基建項目時，已顯得無力招架。因此，澳門本地的建築企業務必要互相合作，互利互補才能面對外來建築企業的競爭。[90] 目前，澳門的建築市場已進駐了不少的中資及外資企業，而面對這些龐大的建築公司，不單止本地各建築企業間要合作，就連面對龐大信貸市場的銀行企業都要彼此合作，因此才出現了銀團信貸。

與澳門美昌建築合作承包威尼斯人酒店上蓋工程的港資金門建築執行董事黃乃強認為，港澳兩地建築公司在承接大型賭場酒店工程上，是合作而非競爭關係。

黃乃強表示，由於澳門工程量激增，且港澳關係密切，兩地市場訊息流通，不少香港建築公司都有計劃參與澳門的建設，澳門業務或能佔公司業務一定的比重。香港建築公司在技術、管理、施工規劃等方面有自身的優勢，但澳門建築業也有本身的特色，雙方開展合作，才可發揮更大效益。

自澳門回歸以來，中資企業積極參與當地基礎設施建設，為改善澳門投資環境作貢獻。中資企業從八十年代初期開始，在澳門開拓建築市場，承包工程，帶動了澳門建築行業的發展，促進該行業技術水平不斷提高，逐步發展成為澳門建築業的一支生力軍。中資企業建設項目涉及工業建築工程、市政及水利工程、住宅、酒店、寫字樓、醫院、體育館、大型娛樂場所、橋樑、道路、碼頭、機場、填海、隧道、大型油庫等各個方面，為澳門基礎設施和市政建設作出了貢獻。特別是澳門友誼大橋、澳門國際機場、九澳油庫、澳門電廠等項目，為改善澳門投資環境創造了良好的條件。[91] 十幾年來，中資企業共承擔了澳門黑沙灣、外港新碼頭、北安二期、污水處理廠、南灣湖整治等 14 宗大型填海工程，為澳門填海造地近 2 平方公里，佔全澳填海造地面積的 70%。[92]

目前，傳統的建築企業正面臨各種新的機遇與挑戰，應摒棄以往各建築企業間重競爭、輕合作的本地傳統民間戰略模式，相反，各建築企業應加大力度尋求彼此間更多的合作途徑與機會，以達到雙贏、多贏的局面。[93]

3.3 澳門建築企業競爭存在的問題及成因

3.3.1 澳門建築企業的競爭力

澳門建築企業的競爭力是人力資源的能力與實物資源相互作用的結果。競爭力中，能力比資源更重要，人的能力也是建築企業中最寶貴的財富。如圖 3.12 所示，能力 A 在同樣資源量的條件下創造的價值最大，其市場競爭力也最大。[94]

要透過培訓來提高企業員工的能力，同時透過構建資源共享的激勵機制，提高其他建築企業成員的能力。

澳門建築企業的競爭力是指建築企業在市場競爭中佔有和使用各種資源的相對優勢能力，它應該包括如下內涵：

（1）佔有傳統要素如勞動力、資金和自然資源的能力；

（2）掌握信息、知識以及創新的能力；

（3）駕馭外部環境的能力；

（4）可持續發展的能力。[95]

建築企業是特別類型的企業，它的競爭力的構成要素包括企業的資源，能力等，和傳統的製造業有明顯的分別。

隨着澳門建築市場蓬勃發展，中資以及港資等建築企業將大舉搶佔澳門市場。為了在市場中求得生存與發展，澳門

圖 3.12 企業資源與創造價值的關係圖

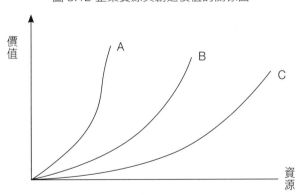

（數據來源：陳列偉：〈面向建築企業競爭力提升的競爭模式與競爭戰略研究〉，天津大學博士論文，2006-06-01）

本地傳統建築企業必須發揮本地的競爭優勢。根據澳門建築企業的特點，我們應該要透過下列五個方面來提升本地的競爭力：

（1）企業文化能力

（2）企業資源能力

（3）企業經營能力

（4）企業戰略管理能力

（5）企業的環境能力

其中，資源是企業一切活動的基礎，是企業得以生存和發展的依靠力量。企業的資源能力主要包括：有形資源能力、信譽資源能力、人力資源能力和信息資源能力。

下文將根據上面對建築企業競爭力因素的分析結果，加以整理和提煉，形成既全面、系統，又簡便易行的評價指標體系，如表 3.3。

現根據下表中澳門建築企業競爭力評價指標體系中的三個級別共 53 個指標，對本地的傳統建築企業、中資的建築企業及港資的建築企業作一個比較，結果顯示本地的傳統建築企業有 25 個指標呈強；中資建築企業有 29 個指標呈強；港資建築企業有 36 個指標呈強。在澳門建築企業中，港資建築企業最具競爭力，其次是中資建築企業，本地傳統建築企業在三者中競爭力最低，見表 3.4。

表 3.3 澳門建築企業競爭力評價指標體系

指標體系	一級指標	二級指標	三級指標
建築企業競爭力 U	企業文化能力 U_1	文化形成與建設能力 U_{11}	文化積淀能力 U_{111}
			文化學習與融合能力 U_{112}
			文化投資費用率 U_{113}
		文化集聚能力 U_{12}	文化導向能力 U_{121}
			文化滲透能力 U_{122}
			合理化建議的採用程度 U_{123}
	企業資源能力 U_2	有形資源能力 U_{21}	固定資產規模 U_{211}
			固定資產新度系數 U_{211}
			生產設備能力 U_{213}
		信譽資源能力 U_{22}	企業資質與級別 U_{221}
			品牌信賴度 U_{222}
			質量認證 U_{224}
		人力資源能力 U_{23}	高級技術人員和高級管理人員比重 U_{231}
			員工平均受教育程度 U_{232}
			人力資源開發投入水平 U_{233}
		信息資源能力 U_{24}	信息化投入總額佔固定資產投入比重 U_{241}
			每百人計算機擁有量 U_{242}
			網絡系統建設狀況 U_{243}
			決策信息化水平 U_{244}
	企業經營能力 U_3	客戶管理與市場營銷能力 U_{31}	項目業主滿意度 U_{311}
			分包商和供應商滿意度 U_{312}
			市場拓展能力 U_{313}
		技術創新能力 U_{32}	設計與研發的人員投入程度 U_{321}
			設計與研發經費投入程度 U_{322}
			技術創新成果的轉換率 U_{323}

			產值利潤率 u_{331}
建築企業競爭力 U	企業經營能力 U_3	收益能力 u_{33}	工程結算收入利潤率 u_{332}
			資本收益率 u_{333}
			資本保值增值率 u_{334}
		項目運動能力 u_{34}	成本控制能力 u_{341}
			進度控制能力 u_{342}
			質量控制能力 u_{343}
			安全控制能力 u_{344}
		競標能力 u_{35}	中標率 u_{351}
			技術方案可行性 u_{352}
			訴訟歷史 u_{353}
		財務運作能力	流動比率 u_{361}
			速動比率 u_{362}
			資產負債率 u_{363}
			應收賬款周轉率 u_{364}
			融資能力 u_{365}
	企業戰略管理能力 u_4	戰略管理能力 u_{41}	戰略識別能力 u_{411}
			戰略實施能力 u_{412}
		可持續增長能力 u_{42}	可持續增長能力 u_{421}
	企業環境能力 u_5	內部環境能力 u_{51}	轉家流動率 u_{511}
			職工工資水平 u_{512}
		外部環境能力 u_{52}	政府的相關政策 u_{521}
			相關與支持性產業的發展水平 u_{522}
			生產要表狀況 u_{523}
			市場需求和機會 u_{524}
		環境適應與應變能力 u_{53}	競爭合作策略 u_{531}
			隨機應變能力 u_{532}

（數據來源：陳列偉，〈面向建築企業競爭力提升的競爭模式與競爭戰略研究〉，天津大學博士論文，2006）

表 3.4 本地、中資、港資建築企業競爭力指標強弱比較

指標體系	三級指標	本地	中資	港資
澳門建築企業競爭力	文化積澱能力	強	弱	弱
	文化學習與融合能力	強	弱	弱
	文化投資費用率	強	弱	弱
	文化導向能力	強	弱	弱
	文化滲透能力	強	弱	弱
	合理化建議的採用程度	強	弱	弱
	固定資產規模	弱	強	強
	固定資產新度係數	弱	強	強
	生產設備能力	弱	強	強
	企業資質與級別	弱	強	強
	品牌信賴度	強	強	強
	企業美譽度	強	強	強
	質量認證	強	強	強
	高級技術人員和高級管理人員比重	強	強	強
	員工平均受教育程度	強	強	強
	人力資源開發投入水平	強	強	強
	信息化投入總額佔固定資產投入比重	強	弱	強
	每百人計算機擁有量	強	弱	強
	網絡系統建設狀況	強	弱	強
	決策信息化水平	強	弱	強
	項目業主滿意度	強	強	強

	分包商和供應商滿意度	強	強	強
	市場拓展能力	弱	強	強
	設計與研發的人員投入程度	強	弱	強
	設計與研發經費投入程度	弱	弱	強
	技術創新成果的轉換率	弱	弱	強
	產值利潤率	弱	強	弱
	工程結算收入利潤率	弱	強	弱
	資本收益率	弱	強	弱
澳門建築企業競爭力	資本保值增值率	弱	強	弱
	成本控制能力	強	強	弱
	進度控制能力	強	強	弱
	質量控制能力	強	強	強
	安全控制能力	強	強	強
	中標率	弱	強	強
	技術方案可行性	弱	強	強
	訴訟歷史	弱	弱	弱
	流動比率	弱	弱	強
	速動比率	弱	弱	強
	資產負債率	弱	弱	弱
	應收賬款周轉率	弱	弱	弱
	融資能力	弱	強	強
	戰略識別能力	弱	弱	強

澳門建築企業競爭力	戰略實施能力	弱	弱	強
	可持續增長能力	弱	強	強
	專家流動率	弱	弱	弱
	職工工資水平	強	弱	強
	政府的相關政策	弱	強	弱
	相關與支持性產業的發展水平	弱	強	弱
	生產要素狀況	弱	強	強
	市場需求和機會	強	強	強
	競爭合作策略	弱	弱	強
	隨機應變能力	弱	弱	強

3.3.2 澳門建築企業競爭存在的問題

上一章節提到，澳門建築企業主要由本地傳統建築企業、中資建築企業及港資建築企業組成。而三者當中，偏偏是根植澳門的本地傳統建築企業競爭力最弱，這種情況對澳門未來整體的穩定發展是極為不利的。目前，澳門在賭場林立、市面欣欣向榮的景象下，城市發展盛況空前，大型基建項目及大型賭場酒店的興建，當然能吸引外資企業投入澳門建築市場分一杯羹。但當市場放緩及澳門建築市場不景氣時，這些外資企業便會撤走大部分甚至全部資金，屆時只有根植澳門的本地傳統建築企業仍然獨力支撐着澳門的經濟。

澳門本地傳統建築企業競爭力不足，對澳門經濟未來穩定繁榮發展構成了一個隱患。我們應該未雨綢繆，在現在經濟形勢良好時就做好防範措施。為了要解決澳門本地傳統建築企業競爭力不足的問題，當務之急，我們必須要找出其原因，對症下藥，方為良策。

3.3.3 澳門建築企業競爭存在問題的成因

如上文所述，為了要提升澳門本地傳統建築企業的競爭力，我們找出澳門建築企業競爭存在問題的主要成因，現歸納如下：

（1）澳門特區政府缺乏一套符合本地情況的行業分級制度。

澳門特區政府對澳門建築企業只採取單一的註冊管理制度，這種粗放型的管理制度，導致大、中、小型建築企業都集中在同一平台上競爭。因此，建議澳門特區政府仿效香港和內地，在承包商制度方面同時實施"註冊管理"與"資質管理"兩種管理制度，應針對現時澳門政府僅執行"註冊管理"制度這種單一性、粗放型的管理制度提出改革，應設立行業等級，採取分級管理的新型制度與新型機制。[96]

（2）澳門特區政府缺乏一套完善的行業整合政策。

澳門本地傳統建築企業與外資建築企業之間只着重競爭而缺乏合作的機制，以致承攬工程時互相壓價而形成惡性競爭。因此，建議澳門特區政府仿效東南亞地區（如台灣地區）的招標與投標政策：在各個工程項目需要執行國際性的招標與投標時，在招標的文件上清楚列明，規定投標方必須要讓澳門本地的建築總承包商參與在內。

（3）澳門特區政府缺乏建築行業的人力資源培訓。

澳門缺乏專門培訓建築行業人員職業技術方面的培訓學校，再加上近十年來澳門賭權開放以後，大量青年人湧入博彩業，相反，建築行業則較少有青年人入行。但建築產業實際上是澳門特區四大經濟支柱之一。為了防止建造業的工人後繼無人、出現斷層，因此建議澳門特區政府利用政府資源，加強建築行業人員職業技術方面的培訓，提升建築行業從業人員的數量以及從業人員的整體質量。這樣當外來建築企業這種高效率的競爭者出現，本地建築企業便能抵抗競爭的衝擊而屹立不倒。

澳門特區政府在研究建築人力資源的政策層面方面，應當有更為積極開放的思維，例如通過引進建築專業方面的技術人才來澳工作，或通過制定政策的傾斜，使留澳學習建築專業技術的大學生能通過一定的審核程序而獲取留在澳門工作的資格。

3.4 本章小結

對於上述種種問題，筆者經歸納發現，主要原因是行業缺乏與時俱進的新制度、新政策去配合社會的飛速發展，故建議政府、企業、工會、工人群策群力，共同營造積極健康的行業氛圍。

本澳的建築企業更應發揮產業行動主體的角色，明確澳門微型經濟體的定位，遵循市場運作規律，"勤練內功"，發揮"船小好調頭"的優勢，根據國內外經濟、社會環境變化，主動開拓，積極創新，持續提升綜合競爭力，積極應對內外挑戰，並調整企業組織結構，並從產業長遠發展上謀求協作，深化與內地及外資企業的行業整合，提高行業整體競爭力，拓展行業發展空間。同時，企業更應該在行業內倡導公平有序競爭，依循相關法律制度，切實履行社會責任，建構和諧的勞資關係，加強在職培訓，與工人力拼力搏，提高工程質量並保證施工安全，積極進取推動環保施工，促進澳門建築產業不斷優化升級。[97]

除政府和企業外，產業商會、工會或相關專業協會更是責無旁貸。作為政府和企業之間的橋樑，行會組織應搭建溝通平台，廣泛聆聽業界意見或建議，讓當局了解業界期望與動向，使業界聲音能及早反映並融入政策，同時積極傳達政府部門意見，讓業界更好地理解、支持及配合政府部門的工作。

總之，政府、業界、工會、工友在一定意義上是利益共同體、命運共同體，只有互相尊重、平等合作、公平競爭、利益兼顧，並不斷提高對形勢的預判和評估的科學性，澳門整體經濟也好，建築企業也好，才能保持相對穩定、共同受益的局面。[98]

回顧澳門回歸祖國後這十多年的歷程：建築企業在初期經歷了嚴峻的經濟考驗，其後逐步邁向高速增長的階段。本澳曾遭 2008 年世界金融海嘯的衝擊而經濟下滑，進入調整期。之後亦緊隨着世界金融體系的重組而穩步復甦。2010 年，全球博彩巨頭美國金沙集團（Las Vegas Sands Corp.）宣佈路氹金光大道工程全面復工。而金沙中國早前已經批出總值約超過十億的澳門元建築工程合約，承建商全部都是本地著名的澳門建築企業，從而帶動澳門經濟及建築企業穩步復甦。

國外建築企業競合戰略的評估及借鑑

4.1 國外建築企業競合戰略的評估

4.1.1 國外建築企業競合戰略評估的原則

建築企業競合戰略的制定和實施必須要和企業的發展目標結合起來。在構建競合戰略時應以下面三點為評估的基準：

（1）競合成員核心能力互補原則

國外建築企業競合戰略最為重要的目標是彌補自身的戰略缺口和增強企業的核心能力。在競合規劃與實際操作中，應以企業之間的差異為基礎，才能更好地進行業務上的優勢互補，否則企業將喪失自己的競爭優勢。

（2）戰略性的互相學習原則

不管實行哪種形式的競合，競合的目標都是暫時的、局部的。企業要獲得長期的競爭優勢，必須通過學習和經驗積累來增強企業的綜合實力。

（3）保持靈活戰略和獨立地位的原則

競爭環境的動態性和不確定性，要求企業要有迅速適應環境變化的戰略與之相適應。當企業因為競合而失去戰略的靈活性時，一旦環境改變，就會產生巨大的競合風險。[99]

4.1.2 國外建築企業競合戰略評估的方法

國外建築企業實行競合戰略是國外建築行業與市場經濟同步發展的必然趨勢。企業採取競合戰略是應付競爭的一種有力手段。但我們應以何種方法來對國外建築企業實行的競合戰略作出評估、來斷定企業所實行的競合戰略是否已獲得成功呢？根據上一章節所提到三個基本原則，我們可以下列方法對企業作出評估：

（1）對競合後企業的核心競爭力是否獲得提升作出評估

在發達國家，如英國、美國及澳大利亞等，同一行業中出現企業相互競合的案例比比皆是。只有適時整合，才能提高企業競爭力。

根據競合成員核心能力互補原則，競合後的建築企業由於能更好地進行業務上的優勢互補，競合各方彼此彌補了自身的戰略缺口，增強了企業的核心能力，因此競合後的建築企業核心競爭力得以提升，從而提升了建築企業整體的競爭優勢。

（2）對競合後企業是否取得互惠互利的雙贏結果作出評估

競合戰略是企業擴大生存實力的手段，是提高企業整體素質、增強競爭力的一種途徑。[100]

（3）對競合後企業是否有很強的"加速"與"減速"能力作出評估

不管企業採取何種競合方式，我們都可以看到，參與競合的建築企業能否對市場機遇及時而且迅速地作出反應，取決於企業是否有很強的"加速"與"減速"能力。所謂加速就是指企業能夠根據市場發展，迅速利用自身的核心能力進行創新；而減速則是指企業可以根據市場需要及時調整或解散不適應的部門或隊伍，讓資源流動到更需要其發揮作用的地方去，而將自身的劣勢通過外部的力量來整合解決。虛擬運作模式則是競合企業獲得加速與減速的最佳途徑，也為企業實施競合戰略提供了一個很好的管理方法。[101]

（4）對競合後企業是否提高行業盈利能力作出評估

面對來勢洶湧的企業競爭，各建築企業只有建立強健的企業競合戰略模式，才能與外來建築企業進行抗衡以提高企業的競爭力，同時也提高整個行業的盈利能力。

4.1.3 國外建築企業競合戰略體系的構建

國外構建建築企業競合戰略體系一般按以下步驟進行：

（1）研究、學習

第一，分析本企業的弱勢，研究自己需要什麼類型的競合戰略夥伴；

第二，研究本企業的優勢，明確企業的核心競爭力；

第三，研究其他已進行過合作的企業，從中獲得經驗和教訓；

第四，研究擬開展合作企業的核心競爭力；

第五，研究競合各方的企業文化。

（2）選擇

第一，建築企業應該在與自己能力相匹配的企業中選擇合作夥伴；

第二，選擇管理者素質高的企業作為合作夥伴；

第三，選擇一些候選夥伴，進行試探性合作；

第四，選擇合作夥伴的過程中要考慮同類型夥伴的替代性。

（3）組織

第一，成功混合不同企業文化，這是任何合作成功的基礎；

第二，為合作雙方創造方便的交流機制；

第三，建立強大的信息系統；

第四，競合雙方就合作的預算、預測和支付條件等問題進行充分的討論。

（4）簽訂合同或協議

第一，所有競合協議都必須是書面的；

第二，合同或協議中必須清楚地約定衝突的解決辦法；

第三，競合各方必須就可能出現的問題協商出一套解決辦法；

第四，確立一個正式的機制；

第五，請律師審查協議。[102]

4.1.4 國外建築企業競合戰略評估的實例

Dioguardi 和 Beacon 是分別來自意大利和美國的兩家建築企業。[103] 1992 年，Dioguardi 和 Beacon 在項目層面進行了首次合作——位於華盛頓的意大利新檔案館。在雙方合作的過程中，Beacon 的角色類似於承包商，對項目的整個建設過程加以管理和調控；而 Dioguardi 相當於一個專業能力較強的分包商，對設計及施工階段全權負責，如圖 4.1 所示。

該項目建成後獲得各方滿意和普遍好評，可以說 Dioguardi 和 Beacon 在項目層面上的合作是成功的。但雙方並沒有滿足於單一項目上的合作競爭，他們將合作的重點轉向戰略層面上的合作競爭，自 1992 年始，兩家企業在戰略層面上進行了長達五年的合作，通過虛擬建設的方式實現了從項目型合作競爭到戰略型合作競爭的轉變。

以意大利建築企業 Dioguardi 和美國建築企業 Beacon 長達五年的競合戰略作為案例進行研究，我們可以得出結論——兩家建築企業的競合戰略是成功的。[104]

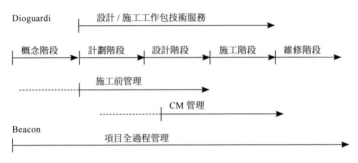

圖 4.1 Dioguardi 和 Beacon 在項目過程中
具備的專業能力與合作競爭

（數據來源：Roberto Pietroforte, Building International Construction Alliances, E&FN SPON,
First edition 1997, This edition published in the Taylor & Francis e-Library, 2003. pp 101-105.）

4.2 國外建築企業競合戰略的借鑑

4.2.1 英國建築企業的競合戰略

上世紀九十年代，英國政府為提高英國建築行業的整體競爭力，委託 Michael Latham 爵士提交了一份調查報告。這份報告書的主要內容意思是到了本世紀初，英國建築行業要以減少 30% 的建築成本作為企業的努力目標。由於要配合英國建築行業的整體發展，英國政府在公佈該報告書約四年之後，又委託 John Egan 爵士提交了新的研究報告。這項研究的目的是要透過對英國現有建築行業的運作方式作出評估，制定一個可高度實施的戰略模型，該戰略模型可稱為 5-4-7 戰略模型。如表 4.1 所示，該戰略模型包括 5 個變革動力、4 個改革措施以及 7 個要實現的目標。

英國建築業這項"革新運動"示範計劃揭示了，一個企業如要推行改革、改變企業自身的企業文化，只要能持之以恒、不斷努力，最終必能達成。

　　如圖4.2提供了一個很好的示範，提倡以"人"作為企業文化的核心價值。

表 4.1　英國建築業 5-4-7 戰略模型

變革的 5 個動力	改進生產過程的 4 個方面		需要實現的 7 個目標	
領導	產品開發	合伙製供應鏈	建設成本	-10%
以客戶為中心			施工時間	-10%
生產隊伍在一體化			可預見性	+20%
質量驅動的工作口程	項目實施	構件生產	缺陷	-20%
			事故	-20%
對人的承諾和尊重			生產率	+10%
			產值與利潤	+10%

（數據來源：中國建築部政策研究中心中國建築業改革與發展研究報告）

圖 4.2 以人為本的良性循環

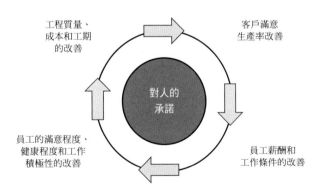

（數據來源：中國建築部政策研究中心中國建築業改革與發展研究報告）

該循環將 "對人的承諾" 作為中心目標，透過改善員工薪酬和工作條件，提高員工的滿意程度、健康程度和工作積極性，優化工程質量、成本和工期以及改善客戶滿意生產率等一系列指標，逐步形成一個良性的、多贏的循環系統。

而由 Carolynn Black、Akintola Akintoye 和 Eamon Fitzgerald 等人組成的團隊，對英國的建築行業展開研究，特別是對承包商、業主與顧問工程師進行了深入的調查。調查結果顯示，取得成功的關鍵在於競合各方彼此的溝通、信任、承諾、清晰的角色分配、一致與靈活的態度等因素。

在英國，成立於 1818 年的土木工程協會（Institution of Civil Engineers, ICE）肩負着撰寫合同的責任。協會撰寫了一份英國建築企業合作時採用的標準格式合同（Project Partnering Contract）——PPC2000。該合同能應用於不同類型的競合，例如企業雙方或多方的競合。這份合同取得了英國政府及法律界在法規、法理上的支持，在英國建築企業執行競合戰略時用途廣泛。

4.2.2 香港建築企業的競合戰略

（1）競合的關鍵因素

在香港，由 Eddie W. L. Cheng 與 Heng Li 等人組成的研究團隊，對以往的研究進行了總結，結果顯示：競合各方企業進行有效率且有成效的溝通、資源準備充足、管理領導層的全力支持、彼此之間的信任、解決衝突與危機的機制、長期且有效的承諾、彼此之間的協調以及團隊的創造力等是企業競合戰略獲得成功的關鍵因素。

而由 Albert P. C. Chan 等人組成的研究團隊認為：企業

競合戰略取得成功的主要因素是企業競合各方遇到衝突時處理機制的構建與溝通、清晰的責任、競合各方對資源共享的態度、競合各方彼此多贏的承諾、對競合進度的有效控制與監督等。

　　另有呂文學、馬萍萍、張連營等人組成的研究團隊分析了香港建築企業執行競合戰略的實際狀況，結果顯示：以構建競合夥伴作為項目管理的新模式，要取得成功必須要具備六大關鍵要素，包括對對方的承諾、良好的溝通、風險共擔、清晰的角色界定與其所承擔的責任、公開與公正的褒貶與獎懲制度，最後是對履約行為作出客觀評價的方法。

　　概而言之，競合戰略的關鍵因素主要有以下三個：

　　①衝突

　　Terje I. Vaaland 研究了企業在進行競合時發生衝突的情況，研究結論是企業在競合時發生衝突會令競合各方關係變得緊張，同時影響競合各方的繼續合作。在這種情況下，企業務必要理性地認知衝突的原因，並從競合各方的角度去分析和處理問題，盡量使衝突造成的傷害減至最弱。

　　②信任

　　由 Peter Shek Pui Wong 和 Sai On Cheung 兩位來自香港城市大學的學者組成的研究團隊，對影響競合關係的關鍵因素——信任作了深層次的研究與分析，並將信任分為 14 個因子。該團隊透過對顧問工程師、工程承包商及業主進行問卷調查，將問卷搜集回來的資料進行數據分析，得出結論：對競合各方來說，基於系統的信任（即以合同為法律基礎而衍生出來的信任）是 14 個信任因子當中最為關鍵的因素。

　　③風險共擔

由來自加拿大的 Ramy Zaghloul 與 Francis Hartman 兩位
專家組成的研究團隊經調查指出：風險共擔能降低企業自身
單獨經營時所承擔的風險，更是減少成本的關鍵因素。企業
競合各方只要以彼此信任為基礎，基於合約精神，就能做到
合情合理的風險共擔。

（2）執行競合的管理工具

由香港理工大學建築與房地產學系李恒教授等學者組成
的研究團隊經研究指出：香港建築業可以透過構建競合的標
竿法（benchmarking）而讓香港建築企業更好地發揮競合優
勢。只要適當運用管理工具作為推動力，競合不單能夠增進
彼此關係，更可進一步成為企業的發展戰略。研究團隊同時
製作了一個名為"COBAP"的模型。通過執行 COBAP，香
港建築企業能形成一個共同學習的機制，藉以維繫持續競爭
的優勢。

（3）分析競合的適用性

香港的專家學者對競合展開研究，期望競合可以提高
工程的開展效率，從而讓參與競合的建築企業提高效益，
達到利益最大化的理想。然而，大前提是要弄清楚競合的適
用性：到底競合是否適合所有的工程項目？任何競合均能獲
益？任何情況下都是好處多、壞處少？

由香港理工大學的 P. C. Chan、V. M. Cheung 與 Y.
H.Chiang 等專家學者組成的研究團隊，對香港從 1994 年以
來所有展開合作關係的建築工程項目進行綜合分析與研究，
結果發現：存在合作的工程項目能按照工期順利完工，甚至
能提早完成的佔 73.3%；能按照預定的成本順利完工的工程
項目佔 82.9%；工程合作時發生衝突的總次數低於一般工程

平均標準的項目佔 86.7%；工程要求賠償的次數低於或等同一般工程平均標準的項目佔 86.8%；參與合作的各方對工程的滿意程度在中等以上的項目佔 90.9%。從上述數據可見合作關係帶來的果效，證明參與競合的各方在各個方面的效益都獲得提高。

4.2.3 給澳門建築企業競合戰略改革提供的借鑑

目前在澳門建築業市場中，企業競合戰略的發展與其他行業相比還稍顯緩慢。構建企業競合戰略是建築企業面對越來越激烈的市場競爭的一個必要手段。通過對企業競合戰略的研究，筆方對澳門建築企業競合戰略改革提出以下建議：

（1）澳門政府應發揮幫助建築企業制定競合戰略的作用。

澳門政府應當充分協調各個職能部門，保證所制定的法規和政策的合理性與可行性。澳門政府在建築企業的競合當中起到極為重要的職能作用。當澳門建築企業在執行競合過程當中出現問題，澳門政府應能迅速協助建築企業解決問題，發揮當局應盡的管治職能。

（2）澳門建築企業要改變固有的觀念。

第一，要改變固有的競爭觀念，在競爭當中要由對抗性思維轉變為合作的思維方式。澳門建築企業要放棄"大而全"、"小而全"的傳統發展模式，不斷提高社會化水平，積極參與競合。其次是轉變擴張觀念，要從重視積累和重組轉為重視競合，但又不排斥積累和併購。第三是實施競合戰略的範圍要由澳門轉向全球，學會在更高層次上開展合作競爭。[105]

（3）澳門建築企業要選擇合適的夥伴。

合作夥伴的選擇應根據企業自身的發展目標和能力，同時要有利於提高技術水平、提升管理能力的總目標。選擇競合戰略夥伴最起碼的要求是誠實、富有創新意識和企業家精神。在選擇合作夥伴的過程中，對不同企業的個性和特點加以辨別和認識是非常重要的。

（4）澳門建築企業的合作目標要逐步演進。

合作目標的演進，要由低層次向高層次轉變，從價格協議、行業標準、品牌營銷等外圍功能向實實在在的資源互補、研究開發、供求合作、市場進入、風險共擔等演進。

（5）澳門建築企業要提升企業文化。

開展競合的企業應該有強烈的責任感，具備對企業文化差異的理解態度，要有靈活協調企業文化差異的能力以及向對方學習的熱情，以自身企業文化為“基本內核”，以消化吸收對方的優秀文化企業為“合理內核”，將之整合提升到一個新的高度。[106]

（6）澳門建築企業要確定適當的戰略。

首先，要對企業的每一項重要工作內容進行分析和評估，以決定哪些工作可以與合作夥伴聯手，哪些可以由自己獨立完成。其次，要研究如何有效地利用戰略夥伴的優勢和資源，不斷提高競合戰略的層次。

4.3 本章小結

澳門現行的招標與投標等制度，由一開始嘗試執行到後續的推廣，以至近十多年的興起，已經歷了一段漫長的時期。目前，由於澳門特區政府有關的法律法的不斷完善與更新，致使澳門的招標與投標等制度在法理、法規方面亦取得長足進步。但同時，澳門建築企業長期以來在競爭當中存在不規範的潛規則等現象仍未得到改善，競爭市場當中的弊端極多。由於澳門特區政府對此懲罰不重、對這種多年存在於澳門建築競爭市場上的黑箱作業方式打擊力度不足，致使整個澳門建築行業出現不公平、不公正與不合理的現象，形成惡性競爭市場，結果導致競合各方很難建立一個公平的合作平台。這成為了澳門建築企業競合的最大障礙。

澳門建築業競合模式選擇的理論分析

5.1 博弈論在澳門建築業競合戰略中的應用

博弈論（Game Theory），又稱為"對策論"或"賽局理論"，屬應用數學的一個分支。當前博弈論已經成為經濟學的標準分析工具之一，在經濟學的教學、研究和應用中受到越來越多的重視。在經濟領域眾多學科的理論研究和應用研究中成了普遍運用的工具，許多經濟現象和經濟行為都被經濟學家理解為某種博弈問題。

作為一種普遍有效的現代經濟學研究分析工具，博弈論適合用於分析複雜交互影響的經濟行為及其引起的經濟問題。博弈論在現代經濟學研究中主要被應用於以下幾個方面：

（1）信息經濟學：旨在研究行為人力圖克服與他們決策先關的某些信息的無知狀況，從而設計一種獲取新信息或者避免某些無知成本的機制。

（2）宏觀經濟政策：政策分析博弈雙方包括制定者（政府）和執行者（公眾），各自的目標和利益使得政策制定過程中經常出現矛盾或者不一致的情況，因此，經濟政策的制定、公眾的對策、政策的有效性與一致性等問題，都可以通過博弈論的方法進行解釋和分析。

（3）產業組織理論：在不完全競爭市場下，由於廠商行為的相互作用使得其收益不僅取決於自己的選擇，還依賴於對手的選擇，所以寡頭廠商要對產品定位、價格、生產能力等進行策略選擇，博弈論則為研究寡頭市場行為提供了標準工具。

而近年來，博弈論方法也越來越多地被引入到工程項目領域，用於研究工程建造中包括承包商、分包商、材料供應商等在內的多個參與方之間的行為選擇，以便為決策者進行項目管理、控制風險。建築業中買賣雙方的人數非常有限，即市場並非完全競爭。而在不完全競爭市場中，企業之間的行為是相互直接影響的。因此，建築企業在決策時必須考慮其他各方參與人的反應。目前，學者在研究建築業非合作競爭均衡和合作競爭均衡的情況時，常分別採用非合作博弈理論和合作博弈理論。

（1）基於逆向選擇和道德風險的"委託—代理"模型分析框架

在信息經濟學文獻中，常將博弈中擁有私人信息的參與人稱為"代理人"（agent），而將不擁有私人信息的參與人稱為"委託人"（principal）。信息經濟學的所有模型都可以在"委託人—代理人"的框架下分析。在建築業內，"業主、承包商、分包商"三者之間包含兩級"委託—代理"關係，分別是業主與承包商之間的委託代理關係及承包商與分包商之間的委託代理關係。

（2）基於合作博弈論的分析框架

合作博弈應滿足個體理性，即參與人在聯盟分配的收益不能少於單個獲得的收益；也要滿足集體理性，即達成聯盟後總收益最大。只有同時達成這兩個約束條件，合作方可形成。此後對於合作促進、合作利益的分配，以及合作剩餘分配的激勵機制設計都屬於合作博弈論的研究範疇。

5.2 競合博弈模型分析

根據理性人原理，由於博弈參與人出於自身利益最大化原則，競爭博弈的結果往往是兩敗俱傷。而合作博弈由於沒有考慮到參與人的自利行為，期望均衡無法達到。因此採用合作競爭博弈，力求通過設計威脅、承諾等機制，以獲取高水平的產出，可以使博弈參與人在競爭環境中同時選擇對各方都有更好收益的的行動，從而使博弈方形成具有穩定均衡解的聯盟。競爭合作博弈應滿足個體理性和集體理性兩個條件，即參與人達成聯盟後分配的收益不能少於單幹時獲得的收益，以及聯盟總收益最大化。

建築企業的合作不是企業核心能力的簡單相加，也不是基於利他基礎，而是利益主體根據自身發展的需要選擇夥伴，通過一種合作的方式充分發揮原有的核心能力，同時擴張自身的競爭實力，互惠互利，成為實現共同目標的聯營體，這是一種雙贏的策略。聯營體的組建擴大了建築企業的

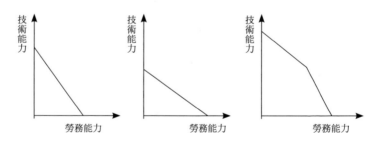

圖 5.1 承包商曲線　　圖 5.2 分包商曲線　　圖 5.3 承包商与分包商合作

生產可能性曲線。假設承包商單獨承攬項目，其生產可能性曲線如圖 5.1 及圖 5.2 所示；若兩者相互聯合、各自分工，生產可能性曲線將會外移，可達到的生產能力遠高於各自單獨生產的能力，如圖 5.3 所示。

5.2.1 建築企業合作的必要性分析

博弈標準式表述為：

（1）博弈的參與人集合：$i \epsilon \Gamma$，$\Gamma = (1, 2, ...n)$

（2）參與人 i 的策略空間：S_i, i=1, 2, ...n

（3）參與人 i 的支付函數：$u_i(s_1, s_2, ...s_i, ...s_n)$, i=1,2, ...n

假設市場上只有兩家建築企業 i_1、i_2，並且這兩家企業的實力相當、能力均衡。則博弈參與人的集合表示為 $\Gamma=\{i_1, i_2\}$。用 S_i 表示第 i 個參與人所採用的策略，$s_i=\{$ 合作，競爭 $\}$。由於信息不完全，合作雙方對對方的合作誠意並不能完全知道。當 i_1、i_2 兩家企業都採用合作策略時，企業之間的合作分擔了建築工程建設的成本，共享了雙方的資金、資源、技術，在這種互惠互利的基礎上可以加快工程建設的進度和提高工程完成的概率；當兩家企業同時都採用競爭策略時，市場競爭將加劇，收益變小；而當一方採取合作策略，而另一方採用競爭策略時，採用競爭的那一方可以迅速佔領市場，從而獲得更高的收益。綜上分析，企業合作產生的收益將比不合作時更大，即 $\varphi > \alpha > \beta > \mu$。

表 5.1 博弈中各方的收益

		企業 i_1	
		合作	競爭
企業 i_2	合作	α, α	μ, φ
	競爭	φ, μ	β, β

從表 5.1 可以發現，無論對於企業 i_1 還是企業 i_2 來說，合作都比不合作所帶來的收益大。作為以盈利最大化為目的的理性建築企業，都會傾向於選擇合作。企業主要基於以下幾點考慮：第一，如果不進行合作，企業只能獲得更少的收益，而且要在企業能順利獲得工程的前提下。在實際情況中，由於單個企業的實力遠遠低於合作體的整體實力，因此順利完工的概率也會隨之小很多。第二，對於一些大型的項目，不管從資金的供給、人才需求、技術要求，還是從規模、風險等角度考慮，單個企業是基本不可能完成施工的。縱觀澳門建築市場，大中型基建工程項目幾乎沒有一個是由單個建築企業承包的。因此，無論是實現企業獲利最大化，還是緩解企業之間的激烈競爭，建築企業要想長遠發展，與其他企業進行合作都是必要的。對於一個建築企業來說，採取最優的策略就是合作，企業之間相互合作對企業自身與建築市場的發展都是有益的，建築企業之間完全有相互合作的必要性。

5.2.2 建築企業合作形成的可能性

在表 5.1 中根據嚴格剔除下策法，得到該博弈的均衡為（競爭，競爭），出現了非集體理性結果。在這種情況下，企業之間的合作根本無法實現。假定對給定的階段博弈 G，令

G（T）表示 G 重複進行 T 次的有限重複博弈，並且在下一次博弈開始前，所有以前博弈的進行都可被觀察到，則 G（T）的收益為 T 次階段博弈收益的簡單相加。因此，如果使該博弈重複進行有限次，由遞推歸納法可以得到，原博弈有唯一均衡的有限次重複博弈的均衡解與單階段博弈並沒有區別，這也就陷入了所謂的"囚徒困境"。

為了實現一個盈利向量，參與人需要在某些情況下採取不符合其短期利益的行為。所以，為了保證參與人按照均衡戰略進行行動選擇，使其在偏離均衡之後受到嚴厲的懲罰是十分重要的。參與人可以通過可置信的威脅（credible threats）來約束彼此的行為，從而達到合作均衡。約束這種行為的策略主要是觸發策略（trigger strategy），它是指參與人在開始時選擇合作，在接下來的博弈中，如果確定對方不合作，則採取懲罰對方的策略。觸發策略主要又包括冷酷策略（grim strategy）和針鋒相對策略（tit for tat）。其中冷酷策略是指參與人開始時選擇合作，一旦對方選擇背叛，則在以後的博弈中一直選擇背叛到底，直到博弈結束，任何偏離都會觸發對方的懲罰並且決不饒恕。針鋒相對策略是指參與人第一個階段選擇合作，而下一階段是否選擇合作，是根據上一階段對方是否合作而定。若對方上一階段背叛，此階段我方亦選擇背叛；若對方上一階段合作，此階段我方亦繼續合作。觸發策略是重複博弈能夠實現合作和提高均衡效率的關鍵機制。在下文的分析中，假設雙方採用的是觸發策略。

由於重複博弈很可能會進行很長一段時間，甚至是無限期的，因此博弈需要考慮時間價值，引入貼現因子，將未來收益表示成現值。對於貼現因子 δ，無限期收益序列 π_1, π_2,

π_3 ... 的現值為：$v=\pi_1+\delta\pi_2+\delta^2\pi_3+...=\Sigma_{t=1}^{\infty}\delta^{t-1}\pi_t$。

（1）冷酷策略

假定 i_1 選擇了合作，則 i_2 選擇不同策略下的收益如下：

i_2 如果採取合作，收益為 α，且在下階段可以得到同樣的結果，此時：

$v_1=\alpha+\delta\alpha+\delta^2\alpha+...=\dfrac{\alpha}{1-\delta}$ (5.1) i_2 如果選擇了競爭，在接下來的博弈中，將永遠得到 β，收益為：

$v_2=\delta+\delta\beta+\delta^2\beta+...=\varphi+\dfrac{\beta\delta}{1-\delta}$ (5.2)

當 $v_1\geq v_2$，$\dfrac{\alpha}{1-\delta}\geq\varphi+\dfrac{\beta\delta}{1-\delta}$，即 $\delta=\dfrac{\delta-\alpha}{\delta-\beta}$ 時，i_2 保持選擇與 i_1 合作為最優策略。在給定 i_1 堅持冷酷戰略並且 i_1 沒有首先選擇競爭的情況下，則 i_2 也不會選擇首先競爭，均衡結果為（合作，合作）。

上述分析表明，在無限次重複博弈中，如果企業有足夠的耐心或者足夠關注長遠利益的話，那麼對雙方均有利的合作均衡則可以使子博弈完美納什均衡出現。也就是說，只要這些合作建築企業之間交易結束的概率足夠小，即交易具有長期性，且交易雙方對未來收益的貼現足夠高，雙方將從長期利益出發來維持相互合作，從而實現在靜態博弈中無法實現的合作解。[107] 這樣，企業選擇冷酷策略構成無限次囚徒困境重複博弈的子博弈完美納什均衡，其均衡結果就為每階段企業選擇（合作，合作），達到帕累托最優。

（2）針鋒相對策略

針鋒相對策略的最大特點是，如果企業 i_2 採用了競爭策略，要使企業 i_1 重新選擇合作，就要讓企業 i_1 也選擇競爭策略一次。針鋒相對策略下需要考慮如下幾種情況：

第一，企業 i_1、i_2 都採用了合作策略，那麼貼現平均收益值為 α。

第二，企業 i_2 第 1 階段採用了競爭策略，則有兩種可能情況：一種是永遠競爭下去，那麼企業 i_2 的貼現平均收益值為 $\varphi-(\varphi-\beta)\delta$；另一種是開始時競爭，而後後悔，希望重新實現合作。這種情形下又具有多種可能：第一，假設企業 i_2 在第 1 階段欺騙，但在第 2 階段開始後悔，選擇合作，希望第 3 階段重新實現合作；第二，繼續選擇競爭，直到 t 階段選擇合作，在 t +1 階段重新獲得合作。那麼如果在第 2 階段後悔，則現值等於：

$$v_3=\varphi+\delta\cdot\mu+\alpha\delta^2+...=\varphi+\mu\delta+\frac{\alpha\delta^2}{1-\delta} \quad (5.3)$$

即企業 i_2 在第 1 階段競爭得到 φ 的收益，但在第 2 階段選擇合作，得到收益 φ，到了第 3 階段重新實現合作。另一種情況是企業 i_2 在 t >2 期才後悔，在 t 期選擇合作，從而在 t+1 階段重新獲得合作機會。則現值為

$$v_4=\varphi+\delta\cdot\beta+\beta\delta^2+...+\mu\delta^{t-1}+\alpha\delta^t+...$$

$$=\varphi+\frac{\beta(\delta-\delta^{t-1})}{1-\delta}+\mu\delta^{t-1}+\frac{\alpha\delta^t}{1-\delta} \quad (5.4)$$

當貼現因子 $\delta\geq\frac{\beta-\mu}{\alpha-\mu}$ 時，（5.3）式大於（5.4）式，即

$$\delta\cdot\mu+\alpha\delta^2+\alpha\delta^3+...+\alpha\delta^{t-1}\geq\delta\cdot\beta+\beta\delta^2+\beta\delta^3+...+\mu\delta^{t-1}$$

$$\delta\cdot\mu+\alpha\delta^2\frac{(1-\delta^{t-2})}{1-\delta}\geq\beta\delta\frac{(1-\delta^{t-2})}{1-\delta}+\mu\delta^{t-1}$$

得到：$\delta\geq\frac{\beta-\mu}{\alpha-\mu}$（5.5）

（5.3）式大於等於（5.4）式說明企業 i_2 越早後悔越好，收益越高，因為 t >3，所以上述結論對所有 t 期後悔的策略都成立，即具有一般性。

第三，企業 i_2 輪流選擇競爭和合作。那麼其現值為：

$$v_5 = \varphi + \mu\delta + \varphi\delta^2 + \mu\delta^3 + \ldots = \frac{\varphi + \mu\delta}{1 - \delta^2} \text{ (5.6)}$$

要使企業 i_2 選擇一直合作而非輪流選擇合作與競爭，則 $\alpha \geq \frac{\varphi + \mu\delta}{1 - \delta}$，即 $\delta \geq \frac{\varphi - \alpha}{\alpha - \mu}$。

隨着合作的進行，企業為了達到自身利益最大化，有可能偏離合作目標，破壞合作關係。懲罰作為一個信號，可以將對方從背叛的戰略拉回合作的戰略中來。如果一個企業在第一次的合作中背叛了合作關係，而在第二次合作中合作夥伴採取觸發策略對該企業實施報復，那麼該企業在以後的經營中，要麼沒有任何企業與之合作，要麼所有與之合作的企業同樣採取背叛合作關係的做法。這個首先背叛合作關係的企業必將得不到最大化利益，至少不會得到佔優策略中的收益。因此一個明智的建築企業決策者，在與其他企業的合作中，要對自己的合作夥伴忠誠，不會率先背叛合作，不會期望從合作的破裂中獲取利益，而應努力維護好合作聯盟，通過成功完成工程項目獲取企業自身的最大利益。

5.2.3 合作穩定性的影響因素

通過以上的模型分析，影響合作穩定性的因素諸多：

（1）未來收益。在前面的模型研究中發現未來收益是競合博弈參與人進行戰略選擇的重要影響因素。對於這個因素，可以從兩個方面分析：一方面是合作的持續期；另一個方面是未來獲得的收益折現值，即折現因子。當合作雙方重視未來合作所能創造的價值，那麼未來價值影響力大，折現因子大。如果當期合作只是一種短期行為，或者合作期是有限的，那麼這種合作組織將是不穩定的，博弈結果佔優策略仍是不合作。因此，建築企業之間的合作必須是長期重複進行的。

（2）收益水平。對於建築企業聯營體來說最重視的是合作的收益，提高博弈過程中合作戰略的支付水平可以講博弈參與人從競爭策略轉變為合作策略。

（3）合作聲譽。聲譽是指參與人在長期內保持其策略一致性和規律性的願望和能力，是合作過程中產生的另一種收益。在針鋒相對策略分析中證明，只要參與人不率先背叛對手，雙方的合作就有可能成為穩定的均衡狀態。重視合作聲譽的企業也不會輕易選擇背叛，而會更關注於未來合作的可能。

5.2.4 懲罰機制設計

根據委託代理理論，在企業的合作過程中，隨着合作關係的進一步發展，難免有些合作夥伴會出現為了自身企業的利益，偏離共同合作目標甚至與合作目標背道而馳的現象。比如夥伴企業間相互推卸責任、挪用或佔用夥伴企業的資源，甚至偷竊夥伴企業的技術、知識以及人力資源等，從而使合作關係受到嚴重破壞，甚至使得合作最終失敗。因此，企業在開展合作的同時需要設計相應的獎懲機制。

假設企業 i_1、i_2 合作時企業能獲得收益水平為 R_1，若合作破裂則收益為 R_2，而在合作情況下的努力水平為 e_1，在推卸責任、挪用資源等背叛合作行為發生時的努力水平為 e_2，獲得額外收益為 ε，$e_1 > e_2$。如果企業 i_1 背叛行為被發現則會被施加以 S 的懲罰，而且被發現的概率為 β。則要使企業 i_1 選擇合作行動的條件為：

$$\beta(R_2-S)+(1-\beta)(R_1+\varepsilon)\leq R_1 \quad (5.7)$$

解得：

$$S\geq \frac{\beta(R_2-R_1)+\varepsilon(1-\beta)}{\beta} \quad (5.8)$$

所以，當懲罰足夠大時，在合作過程中企業的違約成本就會上升，從而使企業不敢輕易背叛合作。而在合作中如果合作夥伴沒有遵守相關合作協議時，可以採取的懲罰措施可以包括違約罰金、未來不再與該企業合作進行工程建設等。

5.3 競合戰略在澳門建築業的應用前景

競合戰略在澳門現有的建築行業中的應用前景是光明的，主要原因包括以下幾個方面：

（1）澳門建築業人力資源合作競爭

澳門統計暨普查局於 2012 年 5 月 28 日公佈，澳門當時的失業率為 2%，維持有紀錄以來最低水平。就業不足率則保持在 0.8%，反映澳門就業情況持續理想。另外，有關數據顯示，澳門於 2012 年 2 月至 4 月共有就業人口 33.8 萬人，較上一期（2012 年 1 月至 3 月）減少 1,600 人；失業人口為 6,900 人，與上一期相若。按行業分析，酒店業的就業人數增加，不動產及工商服務業、博彩業和零售業則有所減少。與 2011 年同期比較，2012 年的失業率及就業不足率分別下降 0.7 及 0.6 個百分點；勞動力參與率則上升 0.8 個百分點。幾乎在同一時期，歐元區的失業率為 10.9%，創下了歐元時代之最；美國的失業率為 8.1%；日本的失業率為 4.5%；香港的失業率則回落至 3.3%。相比而言，澳門的失業率處於較低水平。

目前澳門人力資源市場仍然緊張。隨着賭權開放及外資進駐，澳門人力資源緊張情況已經影響到各行各業，人資短缺的情況相當普遍，無論是外資企業的進駐，還是澳門本土集團和中小企業的業務擴充，人資繃緊的現實令僱主出盡辦法招攬人才。部分企業為了解決燃眉之急，紛紛降低入職門檻。這樣有可能帶動部分居民重新投入就業行列，相信澳門的失業率有機會再輕微下跌。根據統計局數據顯示，至 2012 年尾，本澳失業率進一步下跌至 1.9%，勞動人口緊張情況到達高峰。

澳門由於歷史及社會等多種因素，導致勞動力不足以及高端人才缺乏的情況持續發生。人手不足不但限制企業的發展擴充，甚至會影響企業的日常營運。目前，人資短缺成為了澳門建築企業發展前進的障礙，亦是大型公共工程考慮投標時的重要負面因素。

（2）澳門建築業 "業主—承包商—分包商" 模式的合作

隨着澳門經濟的發展，新建工程規模越來越大，一個工程僅由一個承包商獨自完成是非常困難甚至不可能的。因此，很多大型工程常採用總承包的模式進行建設。總承包模式通常是業主將某一項工程，全部發包給一家資質符合要求且報價合理的企業。他們之間簽訂施工總承包合同，以明確雙方的責任義務和權限。

總承包商與分包商的關係在報價與投標過程中建立，在項目完工、最終驗收付款（通常在項目竣工後一段時間內進行）之後結束。承包商與眾多分包商彼此可能從未在以前的項目上合作過，而在一個新項目上，分包商的構成幾乎肯定不會同以前的項目一樣，這就導致總承包商與分包商的關係會因項目而不同。

傳統的澳門建築業承包商在進行分包活動時存在以下的缺陷：

（1）澳門傳統的承包商分包活動旨在規避風險：

①來自業主的風險：業主的資信風險、墊資風險

②勘察設計帶來的風險

③政策與經濟風險

④施工企業自身引起的風險

由於總承包商在簽訂分包合同時處於主導地位，分包商處於被動地位，因此，總承包商往往利用分包合同向分包商轉嫁風險，使之在工程施工過程中承擔的風險和享有的權利與總承包合同的規定有很大的差別。[108]

（2）傳統的澳門承包商忽視與分包商“共贏”

澳門建築業進入門檻低，特別是在普通的房屋建築市場，建築企業的產品、技術乃至服務“同質化”趨勢嚴重，單靠獨家的工程技術優勢贏得競爭非常不易。承包商以分散風險為目的尋找適當的分包商承擔工程建設，在此過程中，分包商“同質化”的經營特點使得分包商間往往為了獲得一個項目而展開惡性競爭。承包商可以趁此壓低價格，謀求更為有利的合同地位。傳統的承包商在分包過程中忽視了與分包商共贏可以鞏固其行業地位並能獲得更為長久的發展。

在澳門建築業內，傳統的分包商沒有尋找到競爭優勢的來源。綜上所述，澳門建築業中的傳統分包商難以實現高質量及差異化的經營。

（3）澳門建築業承包商與分包商合作的可行性分析

對於承包商與分包商間到底能否產生合作這一問題，日本的建設行業已給出肯定的答案。實際上，日本的建設行業已經有過承包商與分包商間合作的實例。2002 年，Hong Xiao 與 David Proverbs 通過合理假設了一棟六層的混凝土結構的辦公樓項目，以問卷調查收集數據並用作數據分析的基礎資料，比較研究日本、英國和美國承包商在建築業的表現，以工程質量作為比較的標準，對已完工項目的缺陷、業主的滿意度水平、項目缺陷責任期長短以及對已完工項目的回訪次數進行評價。[109]

此項調查同時在日本、英國和美國進行，回覆者（建築企業項目經理）被邀請憑藉以前工程項目的經驗回答與假設項目有關的問題。[110] 在日本，問卷分發到建設業承包商協會（Building Contractors Society, BCS）的承包商手中；在美國，研究者通過對美國承包商聯合會（Associated General Contractors of America, AGC）郵寄電子郵件與承包商取得聯繫；在英國，學者在 Kompass 目錄（Reed Business Information, 1999）和 CIOB（Chartered Institute of Building, 2000）會員中選取研究對象，通過電話或電子郵件的方式與承包商取得聯繫。[111] 問卷調查情況如表 5.2 所示。

調查結果顯示：通常，日本承包商在工程項目質量方面與英國和美國相比有更出色的表現，表現為竣工項目缺陷更少、缺陷責任期更長、工程竣工後召回次數少。實際上，高質量的確是日本承包商的卓越特徵之一。日本在質量方面的出色表現來源於根深蒂固的質量意識、承包商與分包商的緊密合作關係和貫徹執行全面質量管理體系（TQM）和質量保證證書（QA）。通過上述研究發現，承包商與分包商的合作不但可以實現，而且是促進和改善工程質量的良方。

表 5.2 問卷調查情況表

國家	分發問卷 數量（份）	回收問卷 數量（份）	比例（％）	經確認無效的問卷 數量（份）	比例（％）	用於分析的問卷 數量（份）	比例（％）
日本	97	22	22.7	0	0	22	100
英國	417	34	8.2	2	5.9	32	94.1
美國	113	38	33.6	6	15.8	32	84.2
總計	627	94	15	8	8.5	86	91.5

數據來源：Hong Xiao and David Proverbs, 2002, "The performance of contractors in Japan, the UK and USA, An evaluation of construction quality", International Journal of Quality & Reliability Management, pp 675.

5.4 應用博弈論分析澳門建築業選擇競合模式的正確性

以上部分用博弈論分析了澳門建築業競合戰略的研究框架，發現建築企業之間的競爭合作佔優均衡可以實現。以下結合模型結論進一步分析澳門建築業選擇競合戰略模式的正確性。

（1）促進良性競爭，實現資源優化配置。

在市場競爭中，如果市場是一塊蛋糕，傳統的競爭戰略強調的是如何分，導致市場無序競爭，從而形成惡性循環。而競合戰略強調的是如何把蛋糕做大，競合戰略可以使市場更有序，使資源配置發揮更大的效用。

（2）增強在國際市場中的競爭力。

由於目前澳門建築企業個體能力還較弱，尚無超強的實力能與國際建築巨頭進行抗衡。這就需要企業之間同心協力、一致對外。

（3）互取優勢，彌補缺陷。

對於澳門建築巨頭來說，由於其業務太廣，完全靠自己的能力，難以在國際市場有所作為，這就需要有其他企業彌補它的缺陷。而較弱的企業在某方面具有特定的能力、機制靈活，這樣就可以促進雙方的合作。

（4）實現規模效應。

不管企業之間的合作是強強聯合還是強弱合作，兩個企業都是具有一定競爭能力的，在某種程度上可以實現規模效應。[112] 根據澳門建築企業的整體發展趨勢，企業之間的合作成為一種必然。從上述的分析中可以發現，在現行的市場環境中，企業實施競合戰略更符合企業的長久利益，更有利於企業的發展。

5.5 本章小結

競合戰略的表現形式是競爭主體之間同時開展競爭與合作，既是對手又是夥伴，彼此間在創造共同價值時合作，在分配價值的時候競爭的一種戰略模式。競合戰略並不是"你死我活、你輸我贏"的殘酷競爭，而是"你活我也活"、"你贏我也贏"，一起將利益的蛋糕製作得更大更美味，從而使各方都獲益的"雙贏式"或"多贏式"競爭。本章通過構建模型分析，最終得出結論：建築企業之間的合作可以形成，競合戰略能夠達到博弈論所追求的均衡狀態，即全新的互惠互利型合作競爭。目前，澳門建築企業之間一直存在着要把澳門建築市場一起做大的機會，這是一種利益共享的願望。相信在不久的將來，澳門的建築企業必定將競合推動到更高的階段與境界。

第六章

澳門建築業
競合戰略選擇

6.1 澳門建築業競合戰略的選擇方法

　　澳門建築業競合戰略的選擇是利用博弈理論和方法來制定建築企業的競合戰略，強調了競合戰略制定的系統性和互動性，且透過眾多的實踐案例來進行博弈的策略分析，為澳門建築企業競合戰略的管理研究提供了新的分析工具。競合戰略作為一種新興的管理理論，其核心邏輯是講求共贏，反映了澳門建築企業的競合戰略在當今網絡信息發達的環境下，務必要懂得以博弈思想來分析澳門建築行業各種商業活動中的互動關係，並應以與澳門建築行業中各種商業博弈活動所有參與者建立起公平合理的競合關係為核心重點。

　　因應經濟全球化的日益深化，澳門建築企業必須重新定位，要以嶄新的視野重新審視當前建築市場的競爭環境和競爭方式。目前在澳門建築行業中，傳統的本地建築企業大部分都屬於中小企業。這些為數眾多的中小建築企業由於受資金短缺、建築技術的研發能力呈弱等因素的制約，其承建的項目和提供的技術水平替代性較高，對行業的發展等外部環境的依賴程度較大，在整個澳門建築市場競爭中處於弱勢。如何增強澳門中小建築企業的持續競爭優勢、提高其技術創新能力、增強澳門中小建築企業的市場開拓和抵禦風險能力，已經成為澳門建築業管理者長期關注和建築企業界不斷探索的問題。

　　澳門本地的傳統中小建築企業理應認真分析且充分利用企業內部的資源，提高外部資源的整合能力，選擇合適的戰略模式。關於澳門建築企業在競合的情況下如何選擇及實施競合戰略，筆者認為制訂競合戰略應最先從分析澳門建築企業競合參與者之間的互動關係開始入手，而競合戰略的最終目標，應是與所有建築企業參與者建立並保持一種動態競合關係，最終實現各方互利共贏的理想局面。澳門建築企業競合戰略的選擇及實施過程，從始至終都應貫穿博弈思想，更要撇下傳統戰略單從企業本身利益出發來選擇及實施戰略的弊端，而應顧及各方參與者的利益，從互利共贏的角度來選擇和實施最為合適的競合戰略。與此同時，澳門建築企業更要透過參與者、附加值、策略、規則和範圍這 5 個關鍵要素對澳門建築企業的競合行為以及競合結果的作用進行分析，從而選擇最為合適的競合戰略，使澳門建築企業所選擇和實施的競合戰略更富有現實性、可行性和互動性。澳門建築企業實施競合的理論基礎是博弈論，而澳門建築企業實施競合本身就是合作博弈的一種具體體現。澳門建築企業選擇及實施競合戰略的主要方法可參見圖 6.1，即首先將澳門建築企業競合博弈繪製成一幅可視化的價值網（value net），然後用價值網定義各方的參與者，同時分析和供應商、買方、互補品生產者以及同行業者之間的競合關係，務求找到競合的機會。在這個基礎上，只要改變組成競合博弈的 5 個要素，即參與者（participators）、附加值（added values）、規則（rules）、策略（tactics）、範圍（scope）中的任何一種，便能組成多個不同的博弈。透過分析和比較各種博弈的結果，便能不斷得出新的戰略。而澳門的建築企業，就是要利用這個思想方法來確定最為適合澳門建築市場環境的競合戰略。參與競合的建築企業通過選擇及實施合適的競合戰略，最後便能實現擴大市場機會與互惠共贏的戰略目標。[113]

圖 6.1 澳門建築企業選擇及實施競合戰略的方法

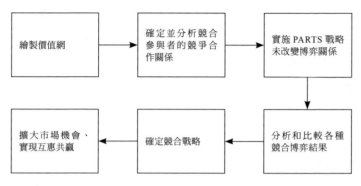

（數據來源：陳之昶：〈企業競合戰略的制訂流程〉，《企業改革與管理》，2005（5），頁 70-71）

6.2 澳門建築業競合戰略的選擇標準

　　澳門建築企業實施的競合戰略能否獲得成功？建築企業所選擇的競合戰略是否最為合適自身企業與競合參與方的未來發展？就澳門建築業競合戰略的選擇標準，筆者作了如下分析：

　　（1）澳門建築企業選擇的競合戰略能否達到創造規模經濟效益、增強澳門建築企業實力的目的。

　　（2）澳門建築企業選擇的競合戰略，最終能否讓自身企業與競合參與方迅速獲得新技術，從而讓競合各方達到互惠共贏的目的。

　　（3）澳門建築企業選擇的競合戰略能否讓參與競合的建築企業更快進入戰略市場，從而擴大市場份額。

　　（4）澳門建築企業選擇的競合戰略，最終能否讓有份參與競合的建築企業共同分擔承包工程時可能面對的風險，從而讓參與的建築企業降低風險。

（5）澳門建築企業選擇的競合戰略，最終能否讓企業獲得低成本生產能力，或能充分利用剩餘生產能力達到降低綜合成本目的。[114]

（6）澳門建築企業選擇的競合戰略能否讓參與競合的建築企業擴大企業規模，提高企業競爭優勢，最終達到提高企業核心競爭力的目的。[115]

（7）澳門建築企業選擇的競合戰略，最終能否讓企業產生協同效應。競合不僅能擴大澳門建築企業自身單獨經營時所擁有資源的邊界，更能充分利用企業競合各方異質性的資源，從而提高企業自身單獨經營時的資源利用效率。透過競合雙方能力和資源的互補，最終能成功產生 1+1>2 的協同效應。

（8）澳門建築企業選擇的競合戰略能否讓參與競合的建築企業形成創新的氛圍。澳門建築企業知識的基礎觀主要強調了知識是作為企業組織的基礎資源，澳門建築企業如能充分發展企業組織間的關係，就能將掌握不同知識的企業整合起來，競合各方便能從組織間關係中獲得互補性的知識與信息，同時在這基礎上更能創造出更多及新的知識，從而能增強澳門建築企業的核心能力。從一個方面來說，競合能使澳門建築企業透過一定的方式與規則，例如組成項目團隊與合作研發建築施工技術等，有效地發揮企業的學習效應與經驗曲線效應。競合各方都能貢獻出自身企業獨特的經驗與知識，最終能促進企業的知識擴散與技術擴散，從而能增加競合各方企業間的知識儲量與經驗積累，同時更能增加澳門整個建築行業的知識儲量與經驗積累。再者，競合的合作方式既能讓參與其中的澳門建築企業產生出新交叉知識，更能研發出更多新的專業技術、產生更強的專業能力，從而讓參與競合的澳門建築企業形成創新氛圍以及產出更多的創新成果。而新的產出不僅能避免競合各方企業在專業技術領域中的競爭，還能讓參與競合的企業打開更大的新市場。

概括而言，澳門建築企業如能遵循以上提到的標準來衡量自身所選擇的競合戰略是否合適，便能靈活且有效地發揮競合戰略的優勢。競合各方不單能共享資源與共擔風險，更能借助各方的企業核心能力，去創造更多新的機會，同時減少企業資源的重複浪費，最終實現競合各方的"雙贏"或"多贏"。[116]

6.3 澳門建築業競合戰略的選擇流程

對於澳門建築業競合戰略的選擇流程，本文作了分析並提出建議如下：

（1）樹立互惠共贏的競合理念與明確的戰略目標

競合思想結合了合作與競爭兩者的優點，是合作與競爭的有機結合。在澳門建築企業的競合過程中，競爭往往能刺激企業去進行創新，因而有助於提高澳門建築行業的施工技術水平，同時擴大整個建築市場，有利於澳門建築市場機會的增加與整體收益的提高。而在此過程中，合作往往能完成單個建築企業難以順利完成的工程或者是技術的研發，競合各方共同開發市場能降低成本和風險，而澳門建築企業的綜合實力最終得以提升，從而實現競合雙方的互惠共贏。當澳門建築企業選擇了合適的競合戰略，在實施之前，首先要確定競合戰略的目標，因為明確的戰略目標是競合成功的基礎。

（2）確定合適的競合戰略模式

澳門建築行業中不同規模的建築企業有着不同的經營特點，同時處於不同生命週期的建築企業亦有很大的差異，而不同的戰略目標會引致需要選擇不同的競合戰略實現模式。因此，澳門建築企業必須根據自身行業的特點，根據自身企業不同發展階段的特點，同時根據自身企業的戰略目標與管理模式，分析與選擇適合自身企業的競合戰略模式。[117]

（3）選擇合適的競合參與主體

對於澳門的建築企業來說，能否選擇合適的競合參與主體對企業實施競合戰略的成敗起到關鍵性的作用。其一，澳門建築企業要與競合參與者構建競合網絡與組織，建築企業在競合網絡中的行為，很容易被其他競合參與者的企業文化、行為與管理風格等因素影響；其二，澳門建築企業要與競合參與者實現信息的交流、建築工程技術的共同研發與資源共享，確保澳門建築企業的競合戰略目標得以實現。所以，選擇合適的競合夥伴將對澳門建築企業選擇競合模式及執行競合戰略有極為重要的影響。

（4）建立競合關係網絡和相應的機制

為了加強自身企業的競爭優勢，澳門建築企業要透過促進雙方彼此間的信任與合作。同時，為了更為有效的進行相互合作，企業與企業之間亦必須透過產業集群與戰略聯盟等進行更為有力的競爭。因此，高效的競合關係網絡將更有助於澳門建築企業提高競合網絡內乃至整個行業內的建築技術水平和競爭優勢。[118]

（5）採取有效的競合措施

根據競合中澳門建築企業之間合作與競爭關係表現強度的差異，建築施工企業與建築材料供應商、業主、同行業競爭者等競合夥伴的關係主要有四種類型：弱競爭弱合作、強競爭強合作、弱競爭強合作、強競爭弱合作。澳門建築企業需要根據競合戰略中企業與企業之間競合關係的特點採取相應的競合措施，如澳門建築企業應該根據競合關係的特點，確定對自身企業核心資源和能力的暴露程度，要清晰地界定和競合夥伴的合作範圍等。

6.4 澳門建築業競合戰略的實施

6.4.1 澳門建築業競合夥伴的選擇與評價

通過第五章中構建的模型分析，可以發現參與人決定是否合作的因素有很多。根據博弈模型分析結果，建築企業在選擇合作夥伴時，應注意以下幾點：

（1）在重複博弈中，由於雙方交易可無限重複，當違反協議的收益現值小於遵守協議的遠期連續收益現值時，參與人就會選擇合作。如果雙方發現合作關係不太可能在未來重複，即當前的合作只是一次性的或是最後一次，那麼未來收益的損失就微不足道，企業違約成本低，這將會導致違約概率上升。因此，在選擇合作夥伴時應盡量與合作夥伴建立長期合作關係。

（2）建築企業在選擇合作夥伴時要傾向於選擇具有良好合作聲譽的企業，盡量選擇以前與自身有過成功合作經歷的企業，防止未來在合作過程中發生違背協議的行為。建築企業不僅要重視考察合作夥伴與自己過去的合作歷史，也要重視合作夥伴過去與其他企業合作的記錄。根據模型，當重複博弈持續的時間不夠長，雙方的均衡將會回到雙方背叛的納什均衡，而合作夥伴的背叛傾向可以從其過去的合作聲譽中反映出來。

（3）澳門建築業競合夥伴的選擇應根據企業自身的發展目標和能力，同時要有利於提高技術水平、提升管理能力的總目標。選擇戰略競合夥伴最起碼的要求是誠實、富有創新意識和企業家精神。在選擇競合夥伴時，要破除"企業越大越好"的錯誤觀念，要知道並非只有與大型公司才能結成戰略夥伴，不能以企業規模大小來判斷是否作戰略合作的合理性。[119]

綜上所述，就選擇競合夥伴的原則，本文在國際通用 3C 原則上加了信譽（credit）及創新性（creativity）原則。因為在競合關係中，一個企業的信譽好壞可能也會決定企業的決策的變化；而一個企業需要具有創新性，才能推動雙方企業的長遠發展。

因此在選擇夥伴企業時應考慮 5C 原則，如圖 6.2：

（1）能力（capability）

能力的意思是辦事的本領與才能，一間企業的競爭力就是以能力作為基礎。能力是包括有：企業經營能力、人才能力、技術能力、生產能力、環境能力以及財務能力等。

（2）互補性（complement）

在市場中由於合作夥伴同時還扮演着競爭者的角色，這就要求在選擇競合夥伴時必須考慮互補性。對於建築企業來說，互補性主要從以下幾個角度看：資源互補性、生產互補性、技術互補性、財務互補性、人才互補性、應變力互補性等。

（3）兼容性（compatibility）

在競合過程，雙方的溝通有效才能創造出更大的經濟效益，而溝通的先決條件就是兼容性。兼容性主要從幾個方面去衡量：企業文化、組織使命、管理理念、質量標準等。

（4）信譽（credit）

競合夥伴關係的建立在雙方信任的基礎上，而信任的基礎是信譽。信譽表現在幾個方面：合同信譽、品牌信譽、質量信譽、財務信譽等。

圖 6.2 競合夥伴選擇評價指標體系 5C 標準

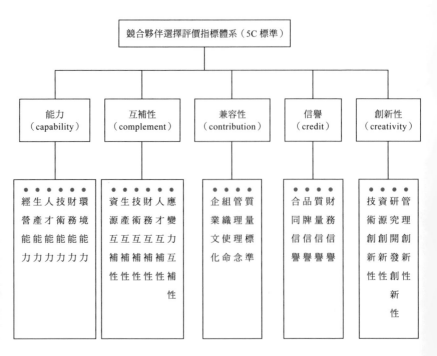

（5）創新性（creativity）

一個企業必需要具有創新性，才能推動雙方企業的長遠發展。一個企業的創新性可以考慮下面幾個因素：技術創新性、資源創新性、研究開發創新性、管理創新性等。

澳門建築業對競合夥伴的評價具體可以採用下列方法進行：

從上述的指標體系中我們可以發現，有些指標我們能够計算出來，即可以定量計算，但是有些指標只是一種定性，在數學中只能採用專家評分法去處理。而對競合夥伴的綜合評價最常用的方法就是層次分析法（AHP）。該方法是美國運籌學家沙旦（T. L. Saaty）於七十年代提出的，是一種定性與定量分析相結合的多目標決策分析方法，特別是將決策者的經驗判斷予以量化，在目標結構複雜且缺乏必要數據的情況下更為實用。[120] 具體計算步驟如下：

①給每層指標設定權重，具體權重的大小主要依據公司對這種指標的重視程度以及行業標準。

②依照評價法建立評價標準，標準比率應以本行業的平均數為基礎，適當進行相關調整，計算出各個指標評分的標準值。

③根據調整分與標準比值，並根據每個指標在指標中所佔的權重確定不同的分值（$\sum Hi = 100$），最後得出得分，所有的指標累加就是一級指標的得分。

④把 5C 原則中五個方面的得分計算出來，按照五個方面在系統中所佔的權重，計算出該潛在競合夥伴的得分。

⑤根據每個潛在夥伴的整體得分，對潛在競合夥伴做出正確的評價。

6.4.2 澳門建築業競合戰略的形式與利益分配

澳門建築業競合戰略的主要形式有以下幾種：

（1）項目合作

在澳門大量的基礎建設項目中，如隧道或大橋的興建，由於施工技術水平要求高、動用的資金較龐大、投資風險較高，這時就需要選擇合適的夥伴進行項目合作。於項目合作的模式當中，雙方企業合作的關係只局限在合作項目的內部，合作雙方要爭取項目中自身的權益，彼此合作時競爭仍然存在。而在項目結束時，彼此合作的關係隨即終止，故這種合作的模式雖然靈活性高，但缺點是穩定性極低。項目合作這種合作模式由於具備極佳的靈活性，而退出成本亦相對較小，是澳門建築市場中極受企業歡迎的一種常用競合方式。通常，澳門建築企業在投標建設工程項目時，發現投資的成本相當巨大，而投放的資源又是自身企業稀缺的時候，便會第一時間考慮選擇其他合適的建築企業，包括與外來的建築企業進行項目合作，這樣便能大大地節省成本來完成投標的工程項目，取得"雙贏"的結局，是一種簡便實用的策略。當企業在選擇項目合作的策略時，最重要的是要在合作開展前務必明確合作各方的義務與權利，在合約中盡可能避免會引起雙方發生內部矛盾、競爭與衝突的條款。

（2）契約夥伴

澳門建築企業在建設項目的管理當中，經常會運用契約夥伴的關係模式。其管理、合作的模式主要是：建設項目的參與方要簽訂好夥伴關係的協議作為承諾來組織工作團隊，在顧及各方利益的條件之下，定立團隊共同的目標，構建完善的溝通與協調機制，達到風險合理分擔的目的，合理解決矛盾。契約夥伴一般的定義是：由兩個或多個組織之間純粹為了更好地利用參與各方的資源以及為了取得共同商業利益，因而作出雙方或多方共同的承諾。[121]

（3）聯營體

澳門建築企業的聯營體：一般由兩個或多個建築承包商組成的臨時組織，一同承建一個或多個工程項目，是在特定時間之內組建的獨立機構。聯營體為了一同完成一個或多個工程項目，因而會將各自企業的資源與技術彼此結合，取得"互惠互利"與"雙贏"。

（4）澳外合資

澳外合資可以分成均衡投資合作與非均衡投資合作兩種。均衡投資合作是指：當競合雙方共同創建經濟實體時，雙方所投資的金額、技術與物質等價值均等，而雙方在這個經濟實體內部所擁有的權利與所負的責任同樣均等，且雙方在這個經濟實體內部的地位平等。而非均衡投資合作是指：當競合雙方共同創建經濟實體時，雙方所投資的金額、技術與物質等價值都是不均等的。由於競合雙方所投入的比重不同，故競合雙方各自在這個經濟實體內部所擁有的權利與所負的責任亦不同，雙方在這個經濟實體內部的地位處於一種不平等的狀態，這種合作稱為非均衡投資合作。

在澳門本地的建築市場當中，由於本地傳統建築企業與外資建築企業投入的資金、技術與資源等不同，故彼此間的地位亦不同，以非均衡投資合作居多。澳外合資的建築企業要面對不少的問題，如競合方投資的母公司的自身財政出現問題對子公司造成的影響、澳門政府制定政策的變化、競合雙方由於管理方式各異而起衝突等。這些都是澳外合資的建築企業競合時需要積極面對的問題。在澳外合資這種合作方式中，由於所創建的經濟實體是雙方企業共同擁有的，投入這個經濟實體的金額或資源越高，就意味着投資方退出成本越大，其靈活性也就越小。一些外資建築企業會在合作之初只投資很少的資源與技術到合作的經濟實體內，以非均衡投資的合作方式實現合作。澳門本地建築企業亦可以模仿外資建築企業的做法，在合作之初只投資很少的資源與技術。選擇這種合作策略是有好處的，競合雙方可以靈活地根據自身在澳門建築市場的情況變化而作出是否繼續展開合作的選擇，也可以隨時考慮以何種合作形式展開合作，使合作變得更靈活且更具彈性。

（5）合包集團

澳門建築企業合包集團的特點是，這種合作模式在法律關係的層面上顯得較為鬆散，競合雙方只是各自承擔自己的責任。通常在大型國際基礎建設工程的承包當中，承包商較為偏向這種合作方式。合包集團中的建築企業，合作時只會按照股份比例而根據自身實施工程的部分對業主承諾相對的義務和責任，並不承擔這個合包集團中其他合作夥伴應對業主承擔的連帶責任，在集團內部採取較為獨立的分工制度。所以合包集團表現為一種較鬆散的聯合方式。

（6）戰略聯盟

澳門建築企業的戰略聯盟是指：企業通過合作的方式來一起創造新價值的競合聯合體。成立戰略聯盟的主要目的是希望能共享資源、共同分擔風險與降低成本，從而建構成一個穩固性較高的合作關係。它存在邊界模糊、關係鬆散的缺點，同時具有機動靈活性與運作高效的優點。

澳門建築業競合戰略的利益分配分析如下：

合作博弈的基礎或基本假設仍然是個體理性，研究的對象是個體理性條件下的合作。合作不能損害個體利益，否則參與人會選擇通過自己的行動或策略去爭取更大的利益，合作就無法達成。合作競爭模式中影響穩定性的一個重要因素就是收益的分配，利益分配原則不單是從個人利益角度出發，在選擇分配方案時，更加傾向於公正。分配的公正性就成為合作博弈的核心概念。本文採用的收益協調分配機制是沙普利值（Shapley Value）。它是建立在一個先驗的公理體系（效用、對稱、邊際貢獻、超可加性）基礎上的一種預期價值分配，取決於參與人加入一個聯盟和他成為該參與人的概率以及該成員的邊際貢獻。

設集合 $I=〔1, 2, ...n〕$，I 的任意子集合 $S \subseteq I$ 都對應着一個函數 v(s)，稱 v(·) 為一個特徵函數，若滿足以下性質：

（1）$v(\phi)=0$，ϕ 表示空集；

（2）如果 $S_i \cap S_j = \varphi$，S_i、$S_j \in I$，則 $v(S_i \cup S_j) \geq v(S_i) + v(S_j)$

其第一個性質為規範性，第二個性質為超可加性，兩個子集不相交，說明比起獨立生產，通過合作能產生較大的價值。(I, v) 稱為特徵函數博弈，為多人合作對策，v 為對策的特徵函數。

用 x_i 表示參與人 i 從合作的最大效益 v(I) 中獲得的收入。在 n 個參與人的合作對策的分配用 $x=(x_1, x_2, ...x_i, ...x_n)$ 表示。該合作成立必須滿足如下條件：

（1）$\Sigma x_i = v(I)$；

（2）$x_i \geq v(i)$, i=1, 2, ...n

在分配所得利益時，記作 $\varphi_i(v)=(\varphi_1(v), \varphi_2(v), ...\varphi_n(v))$，

其中 $\varphi_i(v)$ 表示參與人 i 的所得利益：

$$\varphi_i(v)_{S \subseteq I(i), \ i \in S}^{\Sigma} [(n-|S|)!(|S|-1)! \ /n!](v(S)-V(S/i)) \quad (6.1)$$

式（6.1）中 S_i 表示包含 I 中成員 i 的所有子集，|S| 表示 S 中成員的個數，v(S/i) 表示 S 中除去 i 後的聯盟收益。

假設市場上只有一個總承包商 A，專業分包商 B 和勞務分包商 C。承包商除了有分包權之外，還具有一定的建築能力，而分包商只有完成分包的能力。以總承包商為核心，三者共同合作才能產生最大收益。當 A，B，C 單獨完成一個項目時的收益分別為 a，b，c，其中 a>b>c。A 與 B 合作時的收益為 m，A 與 C 合作時的收益為 n，三者共同完成時的收益為 p，p>m>n>a。因此，特徵函數為：v({1})=a，v({2})=v({3})=0，v({1, 2})=m，v({1, 3})=n，v({2, 3})=0，v({1, 2, 3})=p。由於沙普利值和利益方在博弈中的收益分別為：

$$\varphi_1 = \frac{0!2!}{3!}(a-0) + \frac{1!1!}{3!}(m-0) + \frac{1!1!}{3!}(n-0) + \frac{0!2!}{3!}(p-0)$$

$$= \frac{a}{3} + \frac{m}{6} + \frac{n}{6} + \frac{p}{3} (6.2)$$

$$\varphi_2 = \frac{0!2!}{3!}(0-0) + \frac{1!1!}{3!}(m-a) + \frac{1!1!}{3!}(0-0) + \frac{0!2!}{3!}(p-n)$$

$$= -\frac{a}{6} + \frac{m}{6} - \frac{n}{3} + \frac{p}{3} (6.3)$$

$$\varphi_3 = \frac{0!2!}{3!}(0-0) + \frac{1!1!}{3!}(0-0) + \frac{1!1!}{3!}(n-a) + \frac{0!2!}{3!}(p-m)$$

$$= -\frac{a}{6} - \frac{m}{3} + \frac{n}{6} + \frac{p}{3} (6.4)$$

所以在承包商與分包商之間的合作競爭博弈中，最優支付為 $(\frac{a}{3} + \frac{m}{6} + \frac{n}{6} + \frac{p}{3}, \ -\frac{a}{6} + \frac{m}{6} - \frac{n}{3} + \frac{p}{3}, \ -\frac{a}{6} - \frac{m}{3} + \frac{n}{6} + \frac{p}{3})$。

若 a=3，m=12，n=6，p=18，則子集合中參與人的收益為：$\varphi_1=10$，$\varphi_2=5.5$，$\varphi_3=2.5$，可以看出 $\varphi_1=10>3$，$\varphi_2=5.5>0$，$\varphi_3=2.5>0$，$\varphi_1+\varphi_2=15.5>12$，$\varphi_1+\varphi_3=8>6$。所以承包商與分包商合作所創造的收益比各自獨立或其中任意兩家合作的收益高。而且在合作的情形下，建築企業的積極性也會隨之提高。

6.4.3 澳門建築業在競合戰略中的特性與實施注意事項

項目合作是澳門建築企業執行競合戰略最重要的形式之一，由於這種競合方式具有極高的靈活性，且退出成本較低，適合澳門這種小資本小市場的競爭環境。大部分澳門傳統建築企業都是中、小型企業，採用項目合作的好處是投資成本較低，萬一遇到經濟不景氣、建築市場低迷時，由於公司規模不大，仍可靠此前積累的資金安全渡過危險時間，避免公司倒閉的危機。而當遇到大型基建項目推出，而自身又無足夠實力去參與競投，這時便可以與相熟而且符合資格的其他建築企業進行項目合作，增加中標的機會。這是澳門建築企業的生存之道，亦是澳門建築企業競合的特點。項目合作這種靈活的模式只是在單個工程項目的平台上來進行。當然，如果合作成功、效益好，會大大提高雙方在下一個工程項目再次合作的機率；相反，如果合作失敗，則雙方可以檢討失敗的原因，且作出詳細的考慮才決定是否再次合作。由於這種合作形式不需創建新的經濟實體，因而雙方的合作具有極高的彈性與流動性，這種合作形式非常適合澳門的建築市場。

其次，在澳門的建築業市場當中，澳外合資中的非均衡投資合作亦是較為常見的合作形式。原因是本地傳統建築企業礙於資金少，合作時在資金的投入比重上很難與外資企業抗衡，而技術方面的投入亦是外資建築企業佔優勢，這是澳門傳統建築企業在競合中的劣勢。但為何即便如此澳門本地建築企業仍能吸引外資與之合作？原因是本地企業相對於外資企業來說儘管資金少、技術不高，但擁有的優勢是外資企業很難在短期內補足或取代的，那就是本地建築企業所擁有的人脈關係，其中包括政府的人脈關係、社會與社團的人脈關係等，更重要的是本地傳統建築企業所擁有的本地人力資源以及對澳門建築條例的純熟掌握。因澳門的建築條例是由澳葡時代的政府參考葡萄牙、中國內地、香港、歐美等地法例制定的一套有自身特色的本地建築法規，當中存在不少"灰色地帶"。論到利用這些"灰色地帶"解決建設當中出現的問題，就只有澳門傳統本地建築企業才能駕輕就熟。以上幾點就是澳門本地傳統建築企業在與外資企業進行競合時的優勢，亦是澳門建築企業在競合戰略中的特性。

筆者對澳門建築企業在實施競合戰略時的注意事項分析如下：

雖然不同類型的建築企業制訂競合戰略的目的不盡相同，但可以歸為以下幾種：開發或者進入新的市場、獲取新的技術、減少財政風險、保持競爭優勢等。因此，開展競合戰略之前要認真調查研究，特別要注意那些有可能導致敗績的因素。

（1）文化衝突是建築企業競合戰略第一個要注意的事項。文化衝突包括語言、經營態度、管理方法等方面的差異。如果合作企業不能充分認識和理解合作夥伴的企業文化，必然會在項目實施過程中發生衝突。因此文化衝突是建築企業競合戰略特別要注意的事項。

（2）缺乏信任也是導致競合戰略失敗的原因所在。企業合作時，不能總是把失敗的原因不分青紅皂白地指向合作方。事實上，隨意遷怒於別人無助於問題的解決，反而增加了雙方的緊張程度，很可能導致合作的瓦解。

（3）獨斷專行也是建築企業競合戰略應該避免的事項。如果戰略合作中的一家公司總是我行我素，就會引發合作中其他公司的反感，進而引發矛盾和爭端。

（4）關係風險是競合戰略的第四忌。合作方在參與競合的時候，更多地出於自己的利益而不是共同的利益來考慮問題，將直接威脅到合作的可靠性。"機會主義"的行為包括挪用合作者的資源、扭曲信息等。因此，關係風險成為競合戰略中不可忽視的威脅。

（5）業績風險是競合戰略的第五個注意事項。有研究表明，業績風險包括外部（環境）因素和內部因素。前者如政府政策、經濟蕭條，以及市場的不穩定性；後者主要指合作夥伴均缺少關鍵領域的競爭能力。上述因素都有可能導致業績跌落，最終使得合作基礎岌岌可危。

（6）減少在自己的核心競爭領域進行競合戰略。有的合作者可能通過戰略合作探測市場，等到"羽翼豐滿"，再分灶吃飯。這樣很有可能導致昔日的夥伴成為競爭對手。減少在自己核心競爭領域與其他建築企業的合作，能够幫助公司降低創造競爭對手的可能性。

（7）合作夥伴要有長期的合作基礎，雙方可以專心維持合作關係，增加了解，長期發展。

（8）合作夥伴不宜過多，否則會給人留下不專一的印象。因為合作夥伴擔心自己的做標方法、施工技術、商業手段等資料被洩露給其他人。

（9）在企業競合戰略內，既要堅持爭取自身最大限度的利益，又要堅持不損害合作夥伴的利益，即採用既合作又鬥爭的策略。要特別注意的是，合作協議及投標過程中的有關補充協議是保護自己十分重要的文件。在簽訂協議之前，要認真分析研究，要組織公司各類專業人才"會診"，還要徵詢法律顧問、合同顧問的意見，以免出現無法挽回的差錯。

（10）應盡量爭取指派本公司員工加入合作方工作，使之履行責任，掌握信息，監督合作夥伴，穩定員工隊伍。

（11）企業競合戰略的制度建設必須跟上。對於競合企業來說，結成合作夥伴之後經營運作好與壞的關鍵在於競合的制度建設是否跟得上。只有建立健全公平的競合制度，才能使競合企業得以長久健康發展。

6.5 本章小結

澳門建築企業在建構及實施競合戰略時除了要注意以上事項，更應注意以下各項影響競合戰略實施的關鍵因素：

（1）制定明確的競合戰略的目標是前提

在構建競合戰略的夥伴關係前，一定要考慮企業為什麼要構建戰略夥伴關係，明確競合戰略實施的目的，從而大大提高合作的成功率。

（2）選擇競合夥伴是關鍵

前面的研究表明，選擇夥伴是成功的關鍵要素之一。

（3）競合形式需要多樣化

對於澳門建築企業來說，競合夥伴的選擇與合作形式務求多樣化，這才能夠降低企業的經營風險，且能減輕對特定建築企業的依賴程度。特別針對呈弱勢的企業來說，如果懂得選擇多個競合夥伴，同時合作的方式能夠多樣化，便能迅速提高自身企業的競爭能力，亦能夠保證對競合關係起穩定作用，以及保證企業自身在競合關係當中獲得的利益與地位。

（4）組織學習是良好的保證

良好的組織學習一方面能幫助企業了解競合雙方的文化，獲得企業文化的協同效應，分享更多信息，因而促進彼此間的溝通；從另一方面來說，組織學習能夠促進交流，積累技術與知識，從而彌補企業自身原有的不足，提高企業自身原有的競爭能力，有利於企業的長遠發展。

（5）合理分配是維持長久合作的保證

合理的分配能夠降低合作夥伴間的矛盾，降低合作夥伴潛在的機會主義行為，從而降低企業經營的風險。同時，合理的分配更有利於夥伴關係的長遠發展。因此，合理的分配是維持長久合作的保證。

第七章

案例分析

7.1 中國建築工程（澳門）有限公司簡介

中國建築工程（澳門）有限公司（下述簡稱澳門中建）於 1981 年 5 月在澳門正式成立，原本是中國建築工程總公司在澳門的全資子公司，2001 年 5 月 8 日劃歸中國海外集團有限公司管理，現為中國海外集團所屬中國建築國際集團有限公司（股票編號 3311）之全資子公司。經過三十多年的發展壯大，現已形成以建築承包、房地產為主，業務多元化，澳門、內地、海外一體化經營的大型建築聯合企業。三十多年來，中國建築工程（澳門）有限公司植根於澳門，積極與港澳及境內各界人士友好合作，協同配合。公司在澳門累積承接了各類型的工程項目共一百七十多項，工程合約總額達 267 億澳門元，[122] 其中包括：

（1）各種市政及公共建築，如柏惠、柏景、柏寧、柏威等大型公共停車場；

（2）大型交通樞紐橋及客、貨運碼頭；

（3）各類商業大廈，如位於澳門中區的中建商業大廈、澳門國際銀行大廈、中國保險公司大廈、幸運神大廈；

（5）各類高級酒店，如聞名海外的澳門葡京大酒店（擴建部分，亦屬五星級）、澳門旅遊塔、財神酒店、澳門永利渡假村、澳門夢幻城等；

（6）各類住宅建築，包括大型民用住宅建築群，如澳門北區填海地段大規模住宅小區、濠景花園第二期、寰宇天下等；

（7）各種工業類建築，如澳門屠宰場，澳門青洲工業大廈，宏德、宏泰、通利等工業大廈，中美合資在廣東從化市興建的雅芳化妝品新廠項目，以及專業性較強的特種工程施工類項目，如大容量、多油種的澳門九澳油庫，澳門國際機場油庫及海底輸油管線，香港木湖至大浦頭的地下頂管工程等等。

　　澳門政府統計司歷年統計的數據顯示，若干年來，澳門中建完成的年建築總面積均保持在二十萬平方米左右，約佔澳門建築業年峻工總面積的 10% 以上。這些工程項目大多以質量好、工期短贏得了良好的社會信譽。其中有些工程在國內和中國建築工程總公司系統內屢屢獲獎。為促進澳門地區的繁榮穩定和一國兩制的實現，澳門中建以參股、合營的模式參與組建了形式與功能各異的公司，如為解決澳門泊車難而投資的澳門泊車公司、為發展澳門居民民生事業而投資的澳門屠宰場公司、為興建澳門國際機場而投資成立的中聯公司、為澳門著名的南灣湖改造工程而投資的南灣發展公司、為發展澳門普通百姓屋屋而投資的新建華公司等等。目前，公司經營規模逐漸擴大，經營範圍已拓展到貿易、實業、金融、酒店等領域，業務分佈於港澳、加拿大、關島和中國內地，使其專業優勢得到了擴展和延伸。中國建築（澳門）有限公司十分重視以現代化手段強化公司的經營與管理。三十多年來，澳門中建在建築承包等領域取得了較好的業績並積累了豐富的、適應海內外需求的建築施工和經營管理方面的經驗。同時，公司也鍛煉培育了一大批具有無私奉獻精神、敬業求實的職業道德、較高的專業技術水準、適應海外事業發展需要的員工。澳門中建歷來與銀行界保持着廣泛的聯繫，在資金方面得到了長期和堅實有力的支持。為將公司的發展推進到新的歷史階段，在中建總公司"第二次創業"口號的鼓舞下，澳門中建積極推行 ISO9000 國際標準體系，生產、經營各方面工作均呈現了嶄新的面貌。作為中國建築工程總公司駐海外重要的分支機構之一，中國建築工程（澳門）有限公司正在中國的海外建築工程承包事業中發揮着應有的作用。

澳門中建力求嚴謹，透過系統的方式進行管理，注重員工的健康、工地的安全，提倡環境保護及施工質量，有效地提升公司的業績及整體表現。澳門中建經已實施了被認證的一系列管理系統，其中包括 ISO9001 質量保證體系、ISO14001 環境管理體系，並嚴格執行集團 OHSAS18001 職業健康安全管理體系規範。

中建公司積極運用新工藝及新技術，促進科技進步，承建的多項大型工程都獲得獎項，例如雅芳化妝品廠的工程項目獲得 1999 年度中國建築工程魯班獎；澳門旅遊塔會展娛樂中心（又稱澳門觀光塔）的綜合施工技術獲得 2002 年度中國建築工程總公司的科學技術二等獎；天津信達廣場的工程項目獲得 2006 年度天津市"海河杯"金獎等等。技術優勢經已成為中建公司核心競爭力的重要組成部分。

7.2 中國建築工程（澳門）有限公司 在市場中的地位

中國建築工程（澳門）有限公司現為中國海外集團所屬中國建築國際集團有限公司之全資子公司，於 1981 年在澳門註冊成立，公司寫字樓現位於澳門宋玉生廣場 171-187 號光輝商業中心八樓。[123]

當年由中國海外建築工程有限公司副董事長、副總經理明曉光先生擔任中建澳門第一任董事長、總經理。中建澳門在澳門正式註冊成立之前，1980 年 5 月，中國建築工程總公司為了能追蹤澳門的工程項目，派了總公司工程組一行七人進駐澳門。同年 6 月，中標工程項目沒有成果，總公司只有留下四人繼續在澳門負責開拓境外建築工程承包業務。由於當時澳門尚未回歸，仍在葡萄牙政府的殖民管治下，中建澳門在這個陌生的資本主義市場經濟環境中寸步難行，進退兩難，而且備受澳門同行另眼相看。當年澳門同行認為內地的建築工程施工隊伍靠"吃大鍋飯"過日子、建築技術及效率低、建築設備陳舊、施工技術及方法落後。同時，他們方方面面都抵制、反對內地的國營建築施工企業在澳門註冊，唯恐搶了澳門建築商的飯碗。當時在壁壘森嚴、舉步維艱的境況下，中建澳門積極地尋覓各種關係與渠道，在承包不到大型工程項目的情況下，只能靠測量中學地址、修理中學體育場和停車場的地面圍牆維持運作。當時最小的工程合約額僅四千港元，最大的也只有二十四萬港元。然而，就是憑藉鍥而不捨的努力，澳門中建終於打開了局面。1980 年 10 月，中國建築工程總公司與澳門知名人士司徒眉生合資成立的華山建築置業有限公司，承接了華美大廈工程；次年 5 月，華山建築置業有限公司又承接了澳門國際銀行大廈工程；同月，中國建築工程（澳門）有限公司在澳門正式註冊成立。

澳門中建在澳門站穩腳跟、實力日趨壯大之後，就面臨市場拓展的問題。澳門地域狹小，建築市場更為有限，當年澳門兩百多家建築公司處於僧多粥少的狀況。公司果斷作出"立足澳門，向海外、境內發展，以建築業為主，發展多種經營"的決策。從 1984 年開始，在建築工程承包業務保持一定規模的前提下，中建澳門公司因時因地制宜，發展多種經營業務：在澳門與葡萄牙和本地商人合資興辦屠宰場、泊車管理公司、新建華建築置業有限公司等十餘家企業，既擴展了自己的經營範圍，又給本地帶來了良好的社會效益。公司先後在關島、香港、加拿大合資開展經營活動；在上海、北京、蘇州亦與當地企業合資合作發展時裝業務。這樣的多種經營在今天看來可能見仁見智，但在當時卻為澳門中建的生存與發展凝聚了巨大的資源與能力。

經過短短三四年的艱辛拼搏，澳門中建由小到大、由弱變強，發展成為澳門建築業界最具影響力的公司之一。建築施工企業的外在評價標準，莫過於它的工期、質量、安全文明施工水平。在這些方面，當時內地施工企業與澳門本地建築商相比存在一定差距。為此，澳門中建公司竭盡所能採取措施縮小、消除這些差距。澳門絕大部分的樓宇建築工程都在三面緊貼舊有樓宇、一面緊靠馬路、沒有迴旋餘地的狹小空間內開展，施工時不僅要注意施工隊伍自身的安全，更得加倍小心周圍樓宇住戶與馬路上行人、車輛的安全。當時內地施工人員非常不適應這樣的環境，公司組織員工到本地建築商的施工地盤實地參觀學習，增加感性認識，提高安全意識。公司在施工準備階段認真佈置、嚴格審核施工總平面圖，力爭做到周全細緻、萬無一失。而施工過程中一旦出現險情，施工人員就立刻採取有效應急措施搶險，確保安全文明施工。

華美大廈工程是公司在澳門承接的第一項工程。澳門中建在這項承建工程進行主體結構的混凝土澆築施工時，剛開始沿用內地的施工組織和木模板技術，結果工效只達到當地公司的三分之一。公司視之為奇恥大辱，提出必須盡快趕上本地水平，做到七天澆築一層。在以夾板代替木板、改進施工組織措施後，主體結構澆築到第四層時就達到了七天一層的要求；到第六層時更達到五天澆築一層的水平。再加上適時採取了立體交叉作業的措施，華美大廈的整體工程比合同工期提前五天完成。

工程質量是建築施工企業最具影響力的招牌。公司常常告誡內派員工要有為業主、用戶負責的態度，保證工程質量，樹立公司良好的社會形象。施工時發現質量問題或隱患，就立即採取措施，該補救的補救，能消除的消除，補救消除不了的就推倒重來。大至將上百立方米的混凝土澆築物打掉重築，小到將幾十平方米的紙皮石貼面揭掉重貼，從不含糊。在北安變電站的紙皮石貼面工程中，業主已簽字驗收，公司發現有的紙皮石貼得不合要求，硬讓工人揭掉重貼。業主十分敬佩，將其以後的工程都放心地交給中建澳門做。1983 年 7 月，由中建澳門承建的當時澳門最高的建築、第一個全玻璃幕牆的國際銀行大廈提前五十天竣工，此舉令公司名聲大震，一躍跨入澳門地區最強的建築公司行列。而當時擔任中建澳門公司第一任董事長兼總經理的明曉光先生亦被吸納為澳門建築商會會董。

既贏得良好的社會口碑，亦在很大程度上保障了公司的經濟效益，中建澳門的"名利雙收"不僅要歸功於狠抓工程質量、工期和安全文明施工管理，也是公司重視內部管理的結果。

首先是投標報價"兩吃透"：一是吃透標書內容；二是

吃透港澳市場各類人工、材料、設備的行情。在此基礎上，再根據市場的旺淡情況及工程的難易程度，確定工程的利潤率，全面貫徹"守約、保質、薄利、重義"的經營原則。其次是盡力降低工程成本和控制管理費用。當年中建澳門勤儉節約蔚然成風。此外，公司通過向銀行透支借款以避免無效的資金利息負擔；力爭材料進場時間與施工進度相銜接，減少資金用量；縮短施工週期，盡早收回墊付的生產資金……加速了資金周轉，使得中建澳門所承包的工程項項有盈餘，公司年年有贏利。這在當時的中建總公司駐外機構中並不多見。

1987 年，澳門中建第一任董事長明曉光先生獲中建總公司"對外經營先進工作者"稱號；澳門中建公司亦被對外經濟貿易部、全國財貿工會授予"全國對外經濟貿易行業先進集體"稱號。

澳門中建 1981 年成交額為 599 萬美元，1990 年為 2,200 萬美元。1981 年公司營業額為 81 萬美元，1990 年為 1,853 萬美元。這些業績讓中建在澳門扎下了良好且鞏固的根基。

目前，澳門中建在澳門累計共承接各類工程一百七十多項，工程合約總額達 267 億澳元，其中包括已完成的主要工程項目如下：澳門永利渡假村（第一及二期），澳門永利酒店 Encore at Wynn Hotel（第三期），新濠天地，寰宇天下，濠庭都會 2A、2B、2C 期住宅，海茵怡居，青洲社會房 B、C 大樓建造工程，名門世家—管理及總承包合同，澳門跨境工業區污水處理廠—設計 / 建造、營運及保養（第一及第二期），澳門路環第二期污水處理廠—設計 / 建造、營運及保養，澳門自來水廠擴建等等。

根據中國建築國際集團有限公司（"中國建築國際"，股份代號：03311）公佈的 2013 年 1 月份經營情況及澳門特別行政區政府建設發展辦公室的數據，中建澳門在澳門取得了建設工程招標項目澳門青洲坊公共房屋第一及第二地段建造工程。該項目業主為澳門特區政府建設辦公室，公司應佔合約額約為 18.92 億港元。該項目為澳門歷史上最大的政府工程，佔地面積約為 1.52 萬平方米，計劃興建五座三十一層高住宅塔樓，總建築面積約為 25.66 萬平方米。該項目建設期約為四十八個月。同時，公司還取得了澳門氹仔東北馬路公共房屋建造工程的招標。該項目業主為澳門特區政府建設辦公室，公司應佔合約額約為 4.51 億港元。該項目為中型公共房屋建造項目，佔地面積約為 5,069 平方米，計劃興建兩座塔樓住宅，分別為二十三層和二十一層，總建築面積約為 6.39 萬平方米。該項目建設期約為三十一個月。以上兩項澳門公共房屋建造工程的獲得，再次證明了澳門中建在澳門城市建設中的領導地位。

　　過去，澳門中建堅持融入澳門、服務澳門的理念，為澳門的繁榮穩定作出了應有的貢獻。目前，澳門正面臨新的歷史機遇，相信澳門中建與廣大中資企業一道，繼續秉承"根植澳門，建設澳門，服務澳門"的宗旨，一如既往地支持特區政府的施政，不斷開拓進取、提升水平，為促進澳門長期繁榮穩定作出新的貢獻。

7.3 中國建築工程（澳門）有限公司競合夥伴選擇情況

7.3.1 中國建築工程（澳門）有限公司競合合作夥伴的選擇標準

中國建築工程（澳門）有限公司競合合作夥伴的選擇務必要和企業自身的發展目標相互結合。從澳門中建自身的經營狀況、經營目標出發，在選擇競合合作夥伴時理應以下面六個基本的原則作為標準：

（1）以競合合作夥伴核心能力的互補原則作為選擇標準

中國建築工程（澳門）有限公司選擇競合合作夥伴最重要的戰略目標應是彌補公司的戰略缺口，從而增強公司的核心能力。當合作夥伴的核心能力跟自身公司的核心能力一致時，容易造成合作後企業規模雖然擴大了，但公司自身的體質卻薄弱了。缺少互補型的核心能力與內部整合是競合失敗重要的原因之一。在競合的規劃與實施過程中，應該重視企業間的差異，才能更好地獲得合作雙方在業務上的互補優勢，否則澳門中建將會喪失自身的競爭優勢。

（2）以競合合作夥伴戰略性的相互學習原則作為選擇標準

澳門中建不管選擇什麼樣的合作夥伴進行競合，合作的目標都只是暫時的、局部的。公司若要獲取長期的、穩定的競爭優勢，一定要透過經驗積累與學習來提高公司未來的綜合實力。[124]

（3）以競合合作夥伴保持獨立與靈活的戰略地位原則作為選擇標準

澳門建築市場競爭的環境具有不確定性與動態性，企業一定要具有迅速適應競爭環境變化的能力與戰略。如果企業因為競合而失去自身在戰略上的靈活性，一旦競爭環境發生改變，就會衍生巨大的合作風險。與此同時，合作如果使得企業失去自身在戰略上的靈活性，也違背了競合戰略的目的。競合建基於各方相互信任與平等互利的基礎上，一旦某一方失去了企業自身的獨立地位，競合就演變成兼併。因此，競合方的投機便會造成對自身的損害，這種風險是任何企業都無力承擔的。

（4）以競合合作夥伴企業間的兼容性原則作為選擇標準

澳門中建選擇競合合作夥伴的第一標準應是自身和夥伴企業之間的兼容性。如果競合各方在經營戰略、企業管理結構和決策風格等方面都具兼容性，那麼合作中發生衝突情況的機會率將會大大降低。但要注意的是，在評估競合各方的兼容性時，通常會因合作夥伴間難以了解各方加入競合的意圖，而使情況變得複雜。合作夥伴之間因在企業文化和組織方面的差異，可能會引致誤讀競合各方的戰略意圖的後果。即合作夥伴之間因難以相互溝通，便可能誤解對方的戰略意圖。同時因合作夥伴的思維迥異，競合各方難以在將要實現的目標及要採取的手段與措施上達成共識。

競合中，合作夥伴在戰略利益上的兼容亦是重要因素。原因在於：

①在同一個產業鏈上的企業，合作夥伴的競爭地位將會極大地影響其追求的價值與利益。

②合作夥伴的穩定性通常可以透過估算夥伴與企業自身戰略地位的相互作用與競合各方自身的價值創造特點來得出。

③合作夥伴的相對地位會隨時發生變化，從中可看出其關係的進化機制。

考察合作夥伴與企業自身之間的兼容必須要關注雙方的價值觀、原則與對未來的夢想。如果與合作夥伴"同床異夢"，那麼雙方不同的理想就會從一開始便損害競合雙方。具有共同利益是維持合作關係的紐帶與橋樑，如果沒有共同利益，合作將會失去最根本的動力與價值。所以，兼容性對競合戰略的成功起到十分重要的作用。[125]

（5）以潛在競合合作夥伴企業的能力作為選擇標準

只是具有共同的願望與戰略利益仍不足以使企業成為成功的合作夥伴。假使雙方欠缺專業分工方面的合作潛力或戰略地位上的互補優勢，便難以成為充滿活力的合作夥伴。因而參與合作的企業通常會將資源的互補性視為選擇合作夥伴的主要標準。合作夥伴必定要具有與自身企業合作的能力，這樣合作才會有價值可言，才會創造出新的價值。假使合作夥伴並不具備優勢，或具備的優勢並不明顯，只想借助競合方來發展壯大企業本身，那麼合作就是不可能且不實際的。競合的目標是要找到能幫助競合雙方克服自身弱點的合作夥伴，不同企業通過優勢互補與資源的充分利用來實現 1+1>2 的協同效應。

所以，合作夥伴要具備某一種優勢，這種優勢是能夠幫助企業達到憑自身無法實現的目標的條件。一個具備吸引力的競合合作夥伴理應在技術、能力、知識、財務實力、具備天賦的企業管理人才等方面都擁有足夠的資源。具備獨特能力的企業是最具吸引力的合作夥伴，同時，夥伴潛在的貢獻越顯獨特，越具備差異性，其為競合雙方創造出來的價值就越大。所謂能力，一般是指難以讓其他企業模仿、學習的一系列技能，它往往存在於企業文化與企業交易的過程中。這些能力具有重要的價值，卻又難以通過市場的交易來獲取，這時競合就會成為雙方最佳、最終的選擇。[126]

（6）以尋找與企業有共同投入意識的夥伴作為選擇標準

假使合作夥伴只符合上面提到的兩個條件（即有能力並與自身企業的目標產生兼容），但不願意為企業投入必要的資源與時間，那麼對方一定會作出淺嘗輒止的舉動，機會主義的傾向必會增加。相反，假使合作夥伴參與企業的主要發展戰略與主要業務，對方將會作較大的投入，這樣競合各方將會有進一步的加強合作。

7.3.2 中國建築工程（澳門）有限公司的競合合作夥伴選擇過程

選擇合適的合作夥伴是一項極為重要的工作。這項工作必須要提早進行，有時甚至須要提早一到兩年開始着手，目的是為了能有一段細緻、深入考察的時間，從而能增強雙方的信任與溝通，進而為競合取得成功打下紮實與良好的根基。澳門中建選擇競合合作夥伴時的一般做法與過程如下：

（1）根據不同類型的工程特點和工程對象，選擇在該項目的核心工程內容當中有較強專業技術的建築施工企業成為競合合作夥伴。

（2）透過各種不同形式的觀摩，考察擬競合的建築企業過往已完成類似或相同的工程項目，期望能準確掌握擬競合方在類似或同類工程項目上的專業水平與技術水平，同時更能了解擬競合方在這類工程的進行過程當中與監理公司、業主、合作夥伴等相關機構的記錄與關係，盡量詳細、準確地掌握競合方公司的第一手資料，以便為自己的決策提供依據。

（3）透過讀取擬競合方公司過去數年的報表，能進一步了解競合方的資金實力與經營狀況，更能了解競合方下屬公司或控股公司的財政實力與經營狀況。透過對這些情況的了解，可以預測並判斷在競合方有需要時，母公司對其支持的程度與資源的投入水平。這一點對某些特大型工程項目尤為重要。

（4）了解競合夥伴的個人性格與處事作風。在某些重要的工程項目中，如需競合方擔任領導者的角色，其領導層，尤其是最主要的領導人是否平易近人，是否和藹，處事作風是否表現出公平、公正，是否具有強烈的責任感與合作誠意，很大程度上會影響日後施工企業合作模式的正常運作。

（5）競合合作夥伴選擇不宜過多，且最好能保持較為長期的競合合作關係，盡量做到與同一個合作夥伴能在多個建築工程項目作長期合作。這樣競合雙方便能專心維繫合作關係，以便雙方增進了解並長期發展。在選擇合作夥伴時如果出現朝三暮四的情況，企業自身的經營策略、施工技術、商業手段等將會被四處散播，洩露了商業秘密，這樣亦可能導致自身日後經營競爭力的削弱。[127]

選擇競合合作夥伴是一個雙向的動態過程。因為當你在選擇別人的時候，別人同時也在選擇你，所以一定要經過多次反覆的相互選擇及考核才能確定下來。一般來說，如果競合方在某些方面的相對弱項是本企業的相對強項，而競合方的相對強項正是自身的相對弱項，就能取長補短，實現優勢互補，而合作的成功機率將會變得很高。

7.4 中國建築工程（澳門）有限公司競合情況

　　中國建築工程（澳門）有限公司通過上述競合合作夥伴的選擇標準和選擇過程，最終選擇了澳門振華海灣工程有限公司作為合作夥伴。現在，本文進一步分析與論證澳門中建選擇合作夥伴結果的合理性與正確性：

　　（1）澳門振華海灣工程有限公司符合競合合作夥伴核心能力的互補原則。

　　澳門振華海灣工程有限公司成立於 1982 年，為中國港灣工程有限責任公司的全資子公司。2004 年，澳門博彩股份有限公司（現為澳娛綜合度假股份有限公司）所屬的澳門博彩控股有限公司（SJM）參股，使之成為股份制公司。該公司以承包海事工程、土木工程和房建工程為主要業務。公司成立之後，通過承建友誼大橋、澳門國際機場、漁人碼頭基礎工程、路環電廠土建工程等大型基礎設施項目，在澳門建築市場贏得了很好的聲譽與影響力。振華公司與澳博公司合資後，在雙方股東的大力支持下，先後承擔了十六浦酒店、新八佰伴商業大廈、海立方、凱旋門地下結構等工程並完成了新葡京酒店的建設，獲得了新的發展。該公司的業績贏得了澳門各界及同行的關注與讚賞，振華公司以"回報股東、造福員工、奉獻社會"為使命，樹立"感知責任、優質回報、合作共贏"的價值觀，構建具有合資企業特色的公司文化，努力開拓，積極進取，以核心業務為基礎，爭做澳門及相關地區海事工程與相關建築領域工程總承包公司中的領先者。目前，公司主要業務包括海港工程、土木建築工程及海上建築工程船舶租賃等。

澳門振華海灣工程有限公司專門從事特大型工程項目，特別是海港工程。近十年來，由於賭權開放，澳門政府稅收龐大，在資金極之充足的情況下，澳門政府大搞基礎建設，許多對本地區來說規模空前的特大型工程項目相繼展開，造成許多已扎根澳門多年的本地建築企業因缺乏資金、資源、人力、技術及設備等，無法再以過往單打獨鬥的獨立經營方式來投標工程。但這突如其來的挑戰卻造就了澳門本地建築企業新的機遇、新的改革、新的創新以及新的發展。澳門本地建築企業在近十年間迅速成長，他們彼此互相學習、互相合作。為了爭取贏得投標工程的機會，他們摒棄過往獨立經營的"競爭"方式而選擇彼此合作的"競合"模式。正是這種環境與機遇，造就了專營承建澳門公共建築、民用建築與商業建築的巨頭—中國建築工程（澳門）有限公司與專營承建基礎工程與海港工程的澳門建築巨頭——澳門振華海灣工程有限公司的充分合作。由於澳門地區地少人多、土地資源有限，故很多大型工程項目在承建時均需要填海造地。也正因為如此，便促成了澳門本地建築界兩大巨頭的合作。澳門振華海灣工程有限公司在填海造地、地基等基礎工程方面佔優勢，而中國建築工程（澳門）有限公司則在樓宇興建、建築施工質量方面佔優勢，競合雙方優勢互補，同時符合競合合作夥伴的核心能力互補原則，參見表 7.1。

　　（2）澳門振華海灣工程有限公司符合競合合作夥伴戰略性的相互學習原則。

　　澳門振華公司具有大型基礎建設的經驗及優勢，對該公司來說，其弱勢就是缺乏樓宇興建以及對建築施工質量方面的控制與把握。相反，澳門中建卻具有興建各類樓宇的經

表 7.1 澳門中建與澳門振華核心業務、優勢與弱點對照表

公司名稱	核心業務	優勢	弱點
中國建築工程（澳門）有限公司	以建築承包、房地產為主，包括各種市政及公共建築；大型交通樞紐橋及客、貨運碼頭；各類商業大廈、高級酒店、住宅建築；各種工業類建築以及專業性較強的特種工程施工類項目等。	（1）多元化 （2）業務廣 （3）工期短 （4）風險低 （5）回報快	（1）易模仿 （2）技術要求低 （3）管理難度高 （4）工種繁雜 （5）競爭大
澳門振華海灣工程有限公司	海港工程、土木建築工程及海上建築工程船舶租賃，尤其擅長下述工程：（a）建築物類；（b）岩土和海事水力工程類；（c）城市基礎建設工程類；（d）空調、消防及機電類等。	（1）專業化 （2）業務專 （3）獨特性 （4）難模仿 （5）技術要求高 （6）競爭小	（1）工期長 （2）風險高 （3）回報慢 （4）工種少 （5）澳門市場生存空間小

驗及優勢，對於該公司來說，其弱勢就是缺乏需要有大型設備、高專業技術配合的基礎建設經驗。而正因如此，便促進了競合雙方的彼此學習。企業雙方互相尊重，符合競合合作夥伴戰略的相互學習原則。

（3）競合雙方企業符合競合合作夥伴保持獨立與靈活戰略地位的原則。

對於澳門中建與澳門振華來說，雙方企業既是合作夥伴，同時亦是同一建築市場中的競爭對手。競合雙方採取時

而合作、時而競爭的戰略去進行不同領域、不同類型的投標項目，符合競合合作夥伴保持獨立與靈活戰略地位的原則，參見表 7.2。

表 7.2 2009—2012 年澳門建設工程
招標項目（公開競投）判給結果
（造價單位為澳門元）

招標項目	判給結果 （中標工程造價）	判給結果 （中標企業名稱）
新城填海區 A 區填土及堤堰建造工程	$1,876,800,000.00	澳馬建築工程有限公司—中國路橋工程有限責任公司—中國港灣聯營體
氹仔東北馬路公共房屋建造工程	$465,000,000.00	中國建築工程（澳門）有限公司
青洲坊公共房屋第一及第二地段建造工程	$1,949,000,000.00	中國建築工程（澳門）有限公司 / 振華海灣工程有限公司
氹仔 TN27 地段經濟房屋—社會設施裝修工程	$21,116,505.00	新基業工程有限公司
氹仔美副將馬路行人天橋建造工程	$11,860,000.00	成龍工程有限公司
財政局輔助中心裝修工程	$17,235,247.00	安穩建築工程有限公司
路環—九澳隧道—南戶外路段（第一區）建造工程	$128,423,160.00	敏達工程有限公司 / 得寶國際有限公司 / 通利建築置業工程有限公司合作經營體
氹仔 TN27 地段周邊道路及排放網絡建造工程	$36,163,000.00	成龍工程有限公司

青洲坊公共房屋第三地段建造工程	$600,000,000.00	得寶 - 美昌合作經營體
望廈社會房屋建造工程—第二期暨望廈體育館重建工程（地庫結構）	$685,440,135.40	恒邦建築有限公司
台山中街公共房屋建造工程	$463,990,000.00	中國土木工程（澳門）有限公司 / 瑞權工程有限公司 / 達昌建築工程有限公司合作經營
青洲社會房屋 A 大樓社會設施裝修工程	$6,363,422.00	利豐建築工程有限公司
石排灣公共房屋 CN5a 地段建造工程	$980,000,000.00	中國建築工程（澳門）有限公司
石排灣公共房屋 CN4 地段建造工程	$1,496,800,000.00	保華建築有限公司
石排灣公共房屋 CN3 地段第三區建造工程	$197,238,000.00	建利工程有限公司—中德工程有限公司合作經營
石排灣公共房屋 CN3 地段第二區建造工程	$202,683,300.00	建利工程有限公司—中德工程有限公司合作經營
財政局龍成大廈地下至二樓裝修工程	$15,911,935.29	安穩建築工程有限公司
筷子基公共房屋建造工程	$495,187,905.63	新建設顧問有限公司
石排灣公共房屋 CN3 地段第一區建造工程	$388,313,427.00	三友建築置業有限公司
望德聖母灣大馬路步行系統建造工程	$45,411,202.00	新基業工程有限公司

氹仔客運碼頭與機場之間的填土工程	$168,866,000.00	中國路橋工程有限責任公司
望廈社會房屋第一期社會設施裝修工程	$38,614,924.00	得寶國際有限公司
路氹連貫公路圓形地下層行車信道建造工程	$299,788,000.00	京建工集團（澳門）有限公司／恒利建築工程有限公司聯營公司
亞馬喇前地行人信道優化工程	$7,555,225.00	華聯創基建築工程有限公司
路氹城蓮花路南面填土（第二期）及排放網的建造工程	$88,657,506.00	華建建築工程有限公司
青洲社會房屋長者日間中心裝修承包工程	$5,700,880.00	南光工程有限公司
澳門半島污水處理廠的升級、營運及保養	$604,864,001.83	CESL Asia-Investimentos e Servicos, S. A. /Indaqua-Industria e Gestao de Aguas, S. A. /Tsing Hua Tong Fang Co., Ltd.
望德聖母灣大馬路污水下水道建造工程	$6,880,000.00	敏達工程有限公司
建設發展辦公室裝修工程	$4,472,620.80	艾迪建築工程發展有限公司
路氹城 EER2a 污水加壓新泵站建造工程	$42, 828,000.00	成龍工程有限公司
氹仔北安新填土區道路及基礎建設工程—第一期	$10,288,000.00	達昌建築工程有限公司

氹仔新碼頭主體工程擴建—預先評定資格之限制招標	$1,579,999,963.00	振華海灣工程有限公司

（資料來源：澳門特別行政區政府建設發展辦公室）

（4）競合雙方企業符合競合合作夥伴間的兼容性原則。

澳門中建與澳門振華由於核心能力與企業優勢互補，彼此相互尊重、相互學習，競合雙方在經營上同時採取時而合作、時而競爭的戰略方式，同時在企業管理結構和決策風格等方面都具明顯的兼容性，因此大大降低了合作中出現衝突的機會，符合競合合作夥伴間的兼容性原則。

（5）競合雙方企業符合潛在競合合作夥伴的能力互補原則。

澳門中建與澳門振華由於核心能力互補、在專業分工方面緊密合作，同時在澳門建築市場所佔的戰略地位形成優勢互補，雙方成為充滿活力的合作夥伴。雙方企業在自身資源方面形成互補亦是雙方能合作成功的重要因素之一。雙方具備不同領域的優勢，且優勢較明顯，合作雙方能幫助競合方克服自身的弱點，雙方企業通過優勢互補與資源的充分利用來實現 1+1>2 的協同效應。

澳門中建與澳門振華無論在技術、能力、知識、財務實力與具備天賦的企業管理人才等方面都擁有自身的資源，且雙方都具備獨特的能力，因而成為最具吸引力的合作夥伴。同時，作為合作夥伴，雙方潛在的貢獻各有特色，且具備明顯的差異性，因此競合雙方所創造出來的價值較高。雙方企業所具備的核心能力都是其他企業難以模仿、學習的技能。

第七章

135

這些技能具有重要的價值，且難以通過市場交易來獲取，所以競合就成為雙方最佳、最終的選擇。

（6）競合雙方符合與自身企業有共同投入意識的合作夥伴原則。

澳門中建與澳門振華除了符合上面提到的兩個條件（即有能力並與企業自身的目標兼容），雙方都願意向對方投入必要的資源與時間，大大降低了機會主義的傾向。近年來，澳門中建與澳門振華已積極嘗試參與對方的主要發展戰略與主要業務，雙方投入的力度大大增加，未來競合雙方將會更進一步加強合作。

7.5 案例總結

由始至終，競合戰略都是中國建築工程（澳門）有限公司之所以能扎根於澳門的主要發展戰略。正如上文提到，中建澳門在註冊成立之初未能獲得較大型的工程承建合同。1980 年 10 月，中國建築工程總公司與澳門知名人士司徒眉生合資成立的華山建築置業有限公司，承接了華美大廈工程；次年 5 月，華山建築置業有限公司又承接了澳門國際銀行大廈工程；同月，中建澳門在澳門註冊成立。正是合作造就了華山建築置業有限公司的成立，亦是由於合作，中建澳門才有機會承建華美大廈，後來才能因承接澳門國際銀行大廈工程而名聲大震，一躍跨入澳門地區最強的建築公司行列，既贏得良好的社會口碑，亦在很大程度上保障了公司的經濟效益。中建澳門才能“名利雙收”且從此深深地扎根於澳門。目前，中建澳門仍以競合戰略作為公司的發展策略。

例如公司於 2012 年取得的澳門青洲坊公共房屋第一及第二地段建造工程。該項目的業主為澳門特區政府建設辦公室，公司應佔合約額約為 18.92 億港元。該項目為澳門歷史上最大的政府工程，佔地面積約為 1.52 萬平方米，計劃興建五座三十一層高住宅塔樓，總建築面積約為 25.66 萬平方米。該項目建設期約為四十八個月。這項建設工程招標項目由中建澳門與振華海灣工程有限公司共同投得，就是中建澳門實行競合戰略取得成功的又一力證。

中國建築工程（澳門）有限公司之所以選擇澳門振華海灣工程有限公司作為競合合作夥伴，主要是以競合合作夥伴的選擇標準和選擇過程等作為依據。澳門中建最終選擇了澳門振華海灣工程有限公司作為合作夥伴，主要是建基於以下六點：

（1）競合雙方企業符合競合合作夥伴核心能力的互補原則；

（2）競合雙方企業符合競合合作夥伴戰略的相互學習原則；

（3）競合雙方企業符合競合合作夥伴保持獨立與靈活戰略地位的原則；

（4）競合雙方企業符合競合合作夥伴企業間的兼容性原則；

（5）競合雙方企業符合潛在競合合作夥伴企業的能力原則；

（6）競合雙方企業符合與自身企業有共同投入意識的合作夥伴原則。

澳門中建公司與澳門振華公司兩家公司在澳門建築界均

佔有一席之地，雙方無論在技術、能力、知識、財務實力與具備天賦的企業管理人才等方面都擁有企業自身的優勢，同時在專業技術領域、業務性質、市場競爭與風險評估等方面更突顯出兩家公司的互補優勢，參見表 7.3 和表 7.4。澳門中建公司與澳門振華公司兩家公司作為合作夥伴，雙方在核心能力方面具備明顯的差異性，因此雙方創造的價值較高。由於其他企業難以模仿雙方的核心能力，這些技能便顯得極為重要，難以通過市場交易來獲取，所以競合戰略成為雙方最佳、最終的選擇。

對於澳門中建公司來說，合作策略的執行效果主要有如下三點：

（1）學習對方的填海造地技術以增強自身的核心能力；

（2）利用對方的高技術人才、大型基建設備，實現資源共享；

（3）由於填海造地、岩土和海事水力等工程的風險較高，找該領域的專業團隊合作能降低工程的風險。

表 7.3 澳門中建、澳門振華競爭力指標強弱比較

指標體系	三級指標	中國建築工程（澳門）有限公司	澳門振華海灣工程有限公司
澳門建築企業競爭力	文化積澱能力	強	強
	文化學習與融合能力	強	強
	文化投資費用率	強	強
	文化導向能力	強	強
	文化滲透能力	強	強
	合理化建議的採用程度	強	強
	固定資產規模	強	弱
	固定資產新度係數	強	弱
	生產設備能力	弱	強
	企業資質與級別	強	強
	品牌信賴度	強	強
	企業美譽度	強	強
	質量認證	強	強
	高級技術人員和高級管理人員	強	強
	員工平均受教育程度	強	強
	人力資源開發投入水平	強	弱
	信息化投入總額佔固定資產投入比重	強	弱
	每百人計算機擁有量	強	弱
	網絡系統建設狀況	強	弱

	決策信息化水平	強	弱
	項目業主滿意度	強	強
	分包商和供應商滿意度	強	強
	市場拓展能力	強	弱
	設計與研發的人員投入程度	強	弱
	技術創新成果的轉換率	強	弱
	產值利潤率	強	弱
	工程結算收入利潤率	弱	強
澳門建築企業競爭力	資本收益率	強	弱
	資本保值增值率	強	弱
	成本控制能力	強	弱
	進度控制能力	強	弱
	質量控制能力	強	弱
	安全控制能力	強	弱
	中標率	強	強
	技術方案可行性	強	強
	訴訟歷史	弱	弱
	流動比率	強	強
	速動比率	強	強
	資產負債率	弱	弱
	應收賬款周轉率	弱	弱
	融資能力	強	弱

澳門建築企業競爭力	戰略識別能力	強	強
	戰略實施能力	強	強
	可持續增長能力	強	弱
	專家流動率	弱	弱
	職工工資水平	弱	弱
	政府的相關政策	弱	弱
	相關與支持性產業的發展水平	強	強
	生產要素狀況	強	強
	市場需求和機會	強	強
	競爭合作策略	強	強
	隨機應變能力	強	弱

對於澳門振華來說，合作策略的執行效果主要有如下三點：

（1）學習對方的樓宇施工與管理技術，以增強企業自身的核心能力；

（2）由於投標的工程項目屬高風險工程，找另一專業團隊合作能降低工程的整體風險；

（3）由於企業自身的工種少，投標各式各樣工程的機會亦會隨之減少，與對方合作能夠以長補短，大大增加成功的機會。[128]

表 7.3 顯示了澳門在 2009 年至 2012 年期間建設工程招標項目（公開競投）的判給結果。從表中可見，凡是較大型的工程項目或工程造價高的項目，主要都是由聯營公司或合

表 7.4 澳門中建與澳門振華兩家公司優勢互補、資源共享對照表

公司名稱	核心業務	優勢	弱點	優勢互補、互相學習、資源共享、風險共同分擔原則
中國建築工程（澳門）有限公司	以建築承包、房地產為主，包括各種市政及公共建築；大型交通樞紐橋及客、貨運碼頭；各類商業大廈、高級酒店、住宅建築；各種工業類建築以及專業性較強的特種工程施工類項目等。	（1）多元化 （2）業務廣 （3）工期短 （4）風險低 （5）回報快	（1）易模仿 （2）技術要求低 （3）管理難度高 （4）工種繁雜 （5）競爭大	（1）學習對方填海造地技術，增強自身企業的核心能力； （2）利用對方的高技術人才、大型基建設備，達到資源共享原則； （3）由於填海造地、岩土和海事水力工程等的風險較高，找該領域的專業團隊合作，從而降低工程的風險。
澳門振華海灣工程有限公司	海港工程，土木建築工程及海上建築工程船舶租賃，尤其擅長下述工程：（a）建築物類；（b）岩土和海事水力工程類；（c）城市基礎建設工程類；（d）空調、消防及機電類等。	（1）專業化 （2）業務專 （3）獨特性 （4）難模仿 （5）技術要求高 （6）競爭小	（1）工期長 （2）風險高 （3）回報慢 （4）工種少 （5）澳門市場生存空間小	（1）學習對方的各式各樣樓宇施工與管理技術，以增強自身企業的核心能力； （2）由於投標的工程項目屬高風險工程，找另一專業團隊合作能降低工程的整體風險； （3）由於自身企業的工種少，投標各式各樣工程的機會亦會隨之減少，與對方合作能夠以長補短，大大增加投標的機會。

作經營體獲得的。而近幾年來，擁有大型建築設備的振華海灣工程有限公司成了中國建築工程（澳門）有限公司的競合夥伴。在小型工程招標項目及工程造價低的項目中，兩間公司形成競爭關係。但當面對大型工程招標項目時，二者即由競爭關係演變成合作關係，從而達到互惠互利的目的。[129]

7.6 本章小結

在社會急速發展的今天，企業要達到適者生存的境界，並且要在競爭激烈的市場中獲勝，像以往一樣只憑競爭而獨霸一方的方式已經不合時宜。不要說要求在市場中獲勝，就算只是要在競爭激烈的市場中分一杯羹，都講求戰略。[130]

目前，就澳門的建築市場而言，中建澳門實行競合戰略並以之作為公司的長遠發展策略是正確的。這個論點可以在表 7.2 的多項大型工程項目的中標結果中得到證實。從該表可見，澳門特別行政區政府建設發展辦公室提供的數據顯示，從 2009 年至 2012 年期間，澳門建設工程招標項目（公開競投）判給結果表明，所有較大型的建設工程均是由企業的合作經營體或聯營體獲得中標。而中建澳門更由於與振華海灣工程有限公司合作，順利投得澳門有史以來的最大型工程項目，這個實踐個案標誌着中建澳門的競合戰略是成功及正確的。

中國建築工程（澳門）有限公司在澳門建築市場已佔有一席之地。目前，中建澳門已逐步從競爭戰略向競合戰略邁進。為了保證競合戰略的全面實施，首先，該公司應構建與公司競合戰略相匹配的組織結構，並對公司的資源作重新配置，務求與新的競合戰略相匹配，且建立與公司新戰略相適應的企業文化，要逐步淡化傳統競爭戰略的管理模式。同時，澳門中建要採取一切必要的手段與措施，提高員工對執行競合戰略的積極性。在競合戰略實施的過程中，由於受到許多外部環境因素與公司內部情況制約，必然會存在一定的風險。中國建築工程（澳門）有限公司在建築施工業務方面同樣會受到挑戰，例如建築材料價格受到市場價格影響而波動。同時，嚴重依賴內地勞工也會成為公司實施競合戰略的障礙與挑戰。為了要防範這些風險，公司在簽署新的工程合約時，應該加入有關價格波動的條款。同時，公司要盡可能留住本地員工，增加現有員工的培訓機會，從而提高企業的勞動生產率，並要注重組合公司的短期和長期貸款，以確保為公司建立最佳的融資結構。當中建澳門能更純熟地執行以上手段與措施時，便是公司能更進一步、更全面地實施競合戰略的階段。[131]

第八章

結論與展望

8.1 主要結論

　　企業如要達到可持續發展的目的，必須重視自身與其他企業之間的競合關係，這已成為決定企業在激烈的市場競爭中能否長期立足與發展的重要因素之一。

　　"競爭與合作"是當今時代發展的產物，它能促使時代進步與發展。企業如果缺乏"互惠互利"即"雙贏"的意識，就難以在現今的國際市場中生存與發展，最終必然會遭到國際市場的淘汰。企業在國際市場中的競爭關係實際上應是"競爭與合作"的關係，且應以企業間達到"雙贏"為最終目的。企業在國際市場上彼此競爭，才能促進企業的發展與創新；而在競爭的同時尋求彼此間的合作，因循夥伴關係，才能互相取得信賴，並且建立進一步的信息共享、資源共享等等，以實現"雙贏"。因此，企業如要在經濟全球化的國際市場中佔一席之地，就必須要將競合作為長遠發展的策略。[132]

　　當然，在競爭與合作的過程中，亦要注意某些戰略問題。澳門的建築企業必須要懂得將向身邊的合作夥伴學習作為自身企業的一項戰略任務，要最大限度地將合作的成果轉化作自身的競爭優勢。在彼此學習的過程當中需要建立信息交流，讓每個參與合作的建築企業都貢獻出重要的信息與對方分享。[133] 此外，在競爭與合作的過程中，要以認識與分析彼此優勢資源為基礎，選擇較為合適的競合方式，以達到競爭能力最優化的目的。然而，企業亦要懂得合理控制彼此間的信息流動，以達到保護自身競爭優勢的目的，防止對方獲得核心技術與關鍵信息。因為目前合作的夥伴很有可能會成為未來主要的競爭對手。雙方應以競爭為合作的目的。[134]

在競爭與合作的過程中，要及時妥善地處理好各種問題。制定合作戰略只是企業相互合作的開始。合作最終能否成功，還要取決於雙方的經營與運作方式。合作企業必須要以互利互惠為原則。[135]

綜上所述，競爭與合作是以提高澳門建築企業的競爭力為前提的。合作的最終動因實際上是競爭，其本身並不排斥企業間的競爭。競合一定建基於各合作方共同取得利益的基礎上，使各方的能力與資源可以互補，而各自都能獲得一定的利益。只要各方以互利互惠、共生共榮為基礎，便能進一步發揮潛在的企業資源優勢，提高澳門建築企業的整體競爭力。[136]

目前在澳門的建築行業中，承建商與承建商、承建商與分包商、承建商與建築材料供應商、承建商與業主、承建商與其他相關群體之間的作用與影響越來越大，建築企業如要謀求發展，應從原先獨自經營的思維方式向合作經營的思維方式轉變。傳統的建築企業競爭往往是採用一切可能的方法擊敗競爭對手，目的是要將競爭對手逐出市場，"你死我活"往往是建築企業通行的遊戲規則。但隨着當今的信息技術高速發展，維繫建築企業獨立經營的國際市場環境發生了前所未有的實質性轉變。從競爭走向競合，這是澳門建築企業思維方式的一種轉變。當澳門建築行業的發展遇到瓶頸的時候，不能再只靠自己，而要懂得整合資源，利用收購合併或建築企業間相互合作等手段，整合澳門建築行業的產業鏈，以致有效地降低成本，發揮澳門整個建築產業鏈的優勢。這在當今危機不斷的時代裡顯得尤為重要！澳門各建築企業應該携手同甘共苦，應該以互助互贏、謀求共同發展為理念。[137]

8.2 研究展望

　　競合模式在澳門建築業內仍未能充分實踐，大致存在以下兩方面原因：第一方面，目前國際上還未提出較系統且被廣泛認同的有關建築業競合的管理學理論。換言之，競合模式本身仍未構建健全。學界對該理論探討較少，至於指導實踐就更為困難。本書以此為出發點，期望在澳門建築業的領域內構建更為理想的競合模式與運行機制，並作較為粗淺的嘗試。第二方面，澳門的建築行業存在較深層次的制度問題：目前澳門建築市場制度尚未健全，只靠澳門建築業的行業規則及制度的自我執行、自我調節，並不能為競合模式的構建與運行創造良好的環境與氛圍。[138] 競合之路歷久艱辛，期望短期之內能實現諸多的改革目標，既是不理性的，亦是不現實的。我們一定要將實施澳門建築業競合模式的目標放於一個較長的週期內考慮，以免冒進或急功近利。換言之，未來澳門建築業競合機制的構建與運行必將面臨眾多的困難和障礙，當中涉及建築企業的參與障礙、規範調節障礙及行業自主運行障礙等。澳門政府應構建完善的法規制度，以保障參與競合的建築企業取得應得的利益。而澳門建築業的行業協會亦應自主調節，規範行業的競合規則並構建更為有效的激勵機制，實行信息披露等措施。

　　由於本書的重點是研究澳門建築企業的競合戰略，因而未對澳門建築企業實施競合戰略將要面對的問題及障礙，以至應執行的對應措施等作更為深入的研究，而這個課題具有較高的現實意義及研究價值，筆者亦會在後續的研究中不斷進行深入的探討，且加以完善。[139]

筆者雖然在本書寫作的過程中不斷督促自己抱持嚴謹審慎的學習態度來完成撰寫工作，但對當中一些問題仍存有困惑，期望能在未來的研究當中繼續作更為深入的分析。

　　因學問粗鄙，本書存在諸多不足之處，請各位學者和專家不吝斧正。

第八章

149

註釋

[1] 仇恒成:〈基於博弈論的中國建築企業海外競合戰略研究〉,[博士學位論文],合肥:合肥工業大學,2008。

[2] 趙東、周敏:〈網絡經濟中企業競爭優勢培育〉,《能源技術與管理》,2005(3),頁 72-74。

[3] 曾建:〈移動互聯網產業鏈合作競爭研究〉,[碩士學位論文],北京:北京郵電大學,2009。

[4] 〈競爭使大多數企業發展更趨於完美〉(http://www.dyceo.com/article/2542.html)。

[5] 金國強:〈是對手更是幫手——新態勢下的媒介競合〉,《廣告人》,2010(4),頁 1-3。

[6] 焦揚、楊增雄,〈競合戰略理論文獻綜述〉,《商品與質量》,2012(1),頁 30。

[7] (美)雷費克・卡爾潘:《全球企業戰略聯盟:模式與案例》,北京:冶金工業出版社,2003,頁 55-60。

[8] (美)羅伯特・洛根、路易斯・斯托克,陳小全譯:《合作競爭——如何在知識經濟環境中催生利潤》,北京:華夏出版社,2005,頁 33-40。

[9] 楊智璇:〈建築業合作競爭問題研究〉,[博士學位論文],大連:東北財經大學,2009。

[10] 詳見 https://m.tgjsw.com/k12/exam/detail/208214494.html。

[11] 成思危:〈中國管理科學的學科結構與發展重點選擇〉,《管理科學學報》,2000,3(1),頁 1-6。

[12] 黃少安:〈合作與合作經濟學構想〉,《經濟研究》,2000(5),頁 23-25。

[13] 吳永林、朱伯偉、陳良猷:《企業集團凝聚力》,北京:中國經濟出版社,1997,頁 35-38。

[14] 吳昊、楊梅英、陳良猷:〈合作競爭博弈中的複雜性與演化均衡的穩定性分析〉,《系統工程理論與實踐》,2004(2),頁 45-46。

[15] 孫利輝、徐寅峰、李純青:〈合作競爭博弈模型及其應用〉,《系統工程學報》,2002,17(3),頁 211-215。

[16] 李娟、高愛雄:〈網狀供應鏈上企業間合作競爭優勢分析〉,《經濟與管理》,2007,21(6),頁 53-56。

[17] 何慶明、戴麗萍:〈"競合"理論的帕累托效應研究〉,《華南農業大學學報》,2004(3),頁 56-58。

[18] 陳景輝、趙淑惠:〈集群內企業競合效應分析〉,《大連海事大學學報(社會科學版)》,2010,9(1),頁 38-41。

[19] 李薇、龍勇:〈競爭性戰略聯盟的合作效應研究〉,《科研管理》,2010,30(1),頁 160-169。

[20] 趙志運:〈基於資源整合的企業競合戰略構建模式研究〉,《企業經濟》,2007,23(1),頁 176-180。

[21] 黃升旗:〈試論創新型企業核心競爭力〉,《現代企業文化》,2009(6),頁 30-32。

[22] 楊翽翽、劉益、侯吉剛:〈〈"亦敵亦友"商業模式的成功——對競合現象的思考〉,《未來與發展》,2009(1),頁 65-68。

[23] (美)尼爾·瑞克曼等:《合作競爭大未來》,北京:經濟管理出版社,1998,頁 38-43。

[24] Hong Xiao, David Proverbs: Construction time performance: an evaluation of contractors from Japan, the UK and the US. Engineering Construction and Architectural Management, 2002, 9 (2), pp.81-89.

[25] Per Erik Eriksson: Efficient governance of construction projects through cooperative procurement procedures, Technology and Social Sciences. Department of Business Administration, 2007 (27), pp.8-13.

[26] 項保華、李慶華:〈企業戰略理論綜述〉,《經濟學動態》,2000(7),頁 71-74。

[27] 仇恒成:〈基於博弈論的中國建築企業海外競合戰略研究〉,[博士學位論文],合肥:合肥工業大學,2008。

[28] 劉文學:〈建築企業的合作競爭方式研究〉,《建築經濟》,2008(5),頁 100-102。

[29] 鄭銳洪:〈廠商渠道紛爭:從"競爭"走向"競合"〉,《經營與管理》,2005(5),頁 19-21。

[30] 金磊:〈澳門採風——寫在澳門回歸之前的印記〉,《中外建築》,

1999（6），頁 24-26。

[31] 麥瑞權：〈澳門建築產業市場競爭現狀探討〉，《澳門研究》，2009（51），頁 108-111。

[32] 麥瑞權：〈澳門建築產業管理制度與優化升級〉，《澳門公共行政雜誌》，2009（85），頁 549-557。

[33] 麥瑞權：〈職業安全與安全文化建設〉，《澳門研究》，2008（45），頁 139-143。

[34] 張耀光、韓增林、欒維新：〈澳門經濟發展與產業結構特徵的初步研究〉，《人文地理》，2000，15（2），頁 3-34。

[35] 麥瑞權：〈澳門微小企業的發展與挑戰——基於馬斯洛需求視角〉，《澳門研究》，2010（1），頁 39-42。

[36] 鄭勝利、周麗群：〈論產業集群的經濟性質〉，《社會科學研究》，2004（5），頁 49-52。

[37] 黃啟臣、鄭煒明：《澳門經濟四百年》，澳門：澳門基金會，1994。

[38] 薛白、龔唯平：〈澳門填海造陸的供求理論探析〉，《澳門研究》，2007(42)。

[39] 統計資料庫（澳門特別行政區政府統計暨普查局網：https://www.dsec.gov.mo/TimeSeriesDatabase.aspx）

[40] 麥瑞權：〈淺談澳門建築業現狀〉，《澳門日報》，2011 年 4 月 20 日，F2 版，蓮花廣場。

[41] 麥瑞權：〈對行政不作為的思考〉，《澳門日報》，2010 年 1 月 20 日，E11 版，蓮花廣場。

[42] 朱瑛：〈澳門產業結構的特徵及轉型〉，《新疆社科論壇》，1999（4），頁 30-32。

[43] 吳殿延、史培軍、梁進社：〈澳門經濟發展戰略研究〉，《廣東社會科學》，2001（1），頁 103-109。

[44] 楊建平、金達興：〈陝西省建築產業結構要素特徵分析〉，《西安建築科技大學學報》，2001（33），頁 121-143。

[45] 王卓甫、簡迎輝：《工程項目管理模式及創新》，北京：中國水利水電出版社，2006，頁 22-28。

[46] 王孟鈞：《建築市場信用機制與制度建設》，北京：中國建築工業出版社，2006，頁 1-31。

[47] 楊允中、蔡永君、連信森：《微型經濟與微型經濟學》，澳門：澳門大

學澳門研究中心，2006，頁 25-32。

[48] 李雁玲：〈澳門產業結構與就業結構變動研究〉，[博士學位論文]，廣
州：暨南大學，2008。

[49] 楊允中：《一國兩制與國際競爭力》，澳門：澳門大學澳門研究中心，
2006，頁 15-23。

[50] 姚寬：《中國建築業產業競爭力研究》，北京：中國建築工業出版社，
2007，頁 28-33。

[51] 尹貽林、申立銀：《中國內地與香港工程造價管理比較》，天津：南開
大學出版社，2002，頁 8-12。

[52] 雲冠平、陳喬之：《東南亞華人企業經營管理研究》，北京：經濟管理
出版社，2000，頁 11。

[53] 張超：〈提升產業競爭力的理論與對策探微〉，《宏觀經濟研究》，
2002（5），頁 51-54。

[54] 廖春：〈中國澳門經濟發展中的優勢轉換和產業升級〉，《國際貿易問
題》，2000（4），頁 6-8。

[55] 吳志良、楊允中：《澳門 2001》，澳門：澳門基金會出版，2001，頁
15-18。

[56] 國世平主編：《邁向 21 世紀的澳門經濟》，北京：人民出版社，
2000，頁 10-13。

[57] 魏穎：〈澳門旅遊地產業發展現狀及趨勢分析〉，《旅遊縱覽》，2012，
12（23），頁 88-90。

[58] 薛敬孝、白雪潔：《當代日本產業結構研究》，天津：天津人民出版
社，2002，頁 28-30。

[59] 薛鳳旋：〈澳門發展路向：企業家型城市〉，《經濟地理》，2002，22
（3），頁 314-316。

[60] 曹坤華、李洪光：《澳門回歸後的經濟政策調整》，深圳：海天出版
社，2000，14-16。

[61] 楊允中主編：《論澳門產業轉型》，澳門：澳門基金會，1995，頁
28-32。

[62] 潘小民：〈公共政策前沿理論及其本土化問題研究〉，《中國科技信息》
2008（2），頁 275-278。

[63] 宋曉蘭、張普隨：〈澳門的經濟結構〉，《統一論壇》，1999（2），頁
25-27。

[64] 陳廣漢、徐浩倫：《澳門產業結構演進路徑及機理分析》，廣州：中山大學港澳珠江三角洲研究中心，2010，頁 36-40。

[65] 李繼東、周成名：〈拓寬澳門發展空間的幾點思考〉，《湖南商學院學報》，2000（1），頁 13-15。

[66] 謝明幹、江春澤：〈澳門經濟：特點‧問題‧發展思路〉，《宏觀經濟研究》，2000（4），頁 15-18。

[67] 盧有杰：《新建築經濟學》，北京：中國水利出版社，2005，頁 28-32。

[68] 張惠蘭：〈澳門建築業人力資源相關問題探討〉，《企業管理》，2009（9），頁 33-35。

[69] 孫杰、黃金芳、何佰洲：〈建築業"政府主導型"技能型人力培養模式研究〉，《建築經濟》，2009（1），頁 18-20。

[70] 麥瑞權：〈澳門特區建築產業競爭力研究〉，[博士學位論文]，武漢：華中科技大學，2011。

[71] 耿蕾：〈國有建築企業中的人力資源開發與管理〉，《建築管理現代化》，2003，70（1），頁 31-33。

[72] （英）羅納德‧哈里‧科斯：〈企業的性質〉，《經濟學》，1937（11），頁 386-405。

[73] 潘小民：〈公共政策前沿理論及其本土化問題研究〉，《中國科技信息》，2008（2），頁 275-278。

[74] 柳智毅：〈澳門人力資源現狀與前瞻澳門〉，《澳門研究》，2007（40），頁 120-127。

[75] 程惕潔：《澳門人力資源考察報告》，澳門：澳門大學澳門研究中心，2006，頁 30-33。

[76] 楊慎：《中國建築業的改革》，北京：中國建築工業出版社，2004，頁 20-23。

[77] 楊允中：《澳門與現代經濟增長》，澳門：澳門經濟學會，1992，頁 15-18。

[78] 周鵬：《標準化、網絡效應以及企業組織的演進》，大連：東北財經大學出版社，2005，頁 33-36。

[79] 晶林波：〈澳門移民與外勞對勞動力市場的影響〉，《澳門研究》，2008（44），頁 76-83。

[80] 陳卓華、許毓、賴衛良：《澳門經濟持續發展策略與政府的角色》，澳門：澳門理工學院，2004，頁 25-28。

[81] 冷冬：〈我國對外工程承包業的現狀與問題〉，《中國對外貿易》，2002（4），頁 24-26。

[82] 陳卓華：《澳門經濟發展、人力資源與政府政策》，澳門：澳門理工學院，2007，頁 15-18。

[83] 郭永中：〈澳門產業結構多元化戰略調整的困境〉，《學術研究》，2011（11），頁 64-69。

[84] 周全：〈基於核心競爭力的建築企業可持續發展研究〉，[博士學位論文]，武漢：武漢理工大學，2009。

[85] 楊林峰：〈建設項目夥伴合作管理研究〉，[碩士學位論文]，天津：天津大學，2006。

[86] 國務院研究室課題組：〈構建科學合理的粵港澳現代產業體系——建立粵港澳更緊密合作框架研究報告之五〉，《中共珠海市委黨校珠海市行政學院學報》，2011（4），頁 18-22。

[87] 詳見 http://www.amcm.gov.mo。

[88] 袁持平、趙玉清、郭卉：〈澳門產業適度多元化的宏觀經濟學分析〉，《華南師範大學學報（社會科學版）》，2009（6），頁 123-129。

[89] 陳多主編：《港澳經濟年鑑》，北京：港澳經濟年鑑社，2000，頁 64-69。

[90] 馮鍾寧：〈建築企業人力資源開發的思考〉，《廣西經濟管理幹部學院學報》，2003（3），頁 80-82。

[91] 〈中資企業在澳門經濟中的地位和作用〉（澳門回歸網站：https://www.gmw.cn/03zhuanti/2004-00/jinian/macau/d21.htm）。

[92] 鄧開頌、劉蜀永：〈澳門與內地的經濟聯繫〉，《今日中國》，1999（12），頁 24-26。

[93] 楊幹銘、潘魯萍：〈開展以人為本管理增強建築企業凝聚力〉，《山西建築》，2003（8），頁 15-17。

[94] 陳列偉：〈面向建築企業競爭力提升的競爭模式與競爭戰略研究〉，[碩士學位論文]，天津：天津大學管理學院，2006。

[95] 呂文學．：〈我國大型建築企業競爭力及其提升途徑研究〉，[博士學位論文]，天津：天津大學，2003。

[96] 羅勇華：〈我國中小建築企業戰略管理研究〉，[碩士學位論文]，廣州：華南理工大學，2010。

[97] 曹建海：〈國家干預的經濟學理由及其與競爭力的關係〉，《河北經貿

大學學報》，2004, 25（3），頁 5-15。

[98] 張作文：〈澳門經濟可持續發展面對的挑戰及其應對策略〉，《港澳經濟年鑑》，北京：港澳經濟年鑑社，2007，頁 367-373。

[99] 蔣濤：〈構建我國房地產企業戰略聯盟〉，《城市開發》，2004（13），頁 45-46。

[100] 李洪濤：〈對我國建築施工企業戰略聯盟的探討〉，[碩士學位論文]，西安：西安建築科技大學，2007。

[101] 劉文學：〈建築企業的合作競爭方式研究〉，《建築經濟》，2008，307（5），頁 100-102。

[102] 呂文學、馬萍萍、張連營：〈國際工程項目管理新模式——夥伴關係——解析香港建設業夥伴關係項目管理模式〉，《國際工程與勞務》，2003（7），頁 43-45。

[103] Roberto Pietroforte: Building International Construction Alliances, Taylor & Francis e-Library, 2003, pp. 101-105.

[104] 孟憲海、李譽魁、李小燕：〈Partnering 模式的組織結構與實施流程〉，《建築經濟》，2006（8），頁 35-38。

[105] 林海斌：〈企業構建戰略聯盟六策〉，《企業改革與管理》，2006（4），頁 26-27。

[106] 張衛兵：〈以技術創新為突破口提高建築企業競爭力〉，《現代管理科學》，2004（9），頁 63-64。

[107] 武鑫：〈我國科技信用問題的制度分析〉，[碩士學位論文]，杭州：浙江大學，2003。

[108] 王傳璽：〈分包工程合同與分包工程管理初探〉，《建築經濟》，2000（4），頁 26-27。

[109] Hong Xiao, David Proverbs: The Performance of Contractors in Japan, the UK and USA, An Evaluation of Construction Quality, International Journal of Quality & Reliability Management, 2002, pp. 672-687.

[110] Heng Li, Eddie W. L. Cheng, Peter E. D. Love: Partnering Research in Construction, Engineering, Construction and Architectural Management, 2000, 7(1), pp. 76-92.

[111] Allan Ashworth, Roger C Harvey: The Construction Industry of Great Britain, Oxford : Newnes, 1997, pp. 25-28.

[112] 洪紅、張金福、潭德昌：〈大型建築施工企業內部市場的建設和運

澳門建築企業競合戰略研究

行〉,《重慶建築大學學報》,2000,22(2),頁 118-122。

[113] 陳之昶:〈企業競合戰略的制訂流程〉,《企業改革與管理》,2005(5),頁 70-71。

[114] 詳見 http://www.ccmclick.com。

[115] 何偉:〈博弈論與現代企業管理〉,《重慶工學院學報》,2003,17(5),頁 23-25。

[116] 陳耀:〈企業戰略聯盟競爭優勢創造的基礎研究〉,《現代經濟探討》,2003(1),頁 51-54。

[117] 楊強:〈戰略聯盟——企業發展的新思路〉,《管理現代化》,2001(1),頁 18-20。

[118] 樊艷偉:〈智平基礎公司發展戰略研究〉,[碩士學位論文],上海:復旦大學,2006。

[119] 張樹義、張樹德、武振業:〈企業戰略聯盟形成外部原因的博弈分析〉,《西南交通大學學報(社會科學版)》,2002,頁 66-70。

[120] 詳見 http://kustjournal.kmust.edu.cn。

[121] 袁春生:〈戰略聯盟的新動態與幾個基本理論問題〉,《集團經濟研究》,2006(18),頁 54-55。

[122] 詳見 https://www.easyatm.com.tw/wiki/%E4%B8%AD%E5%9C%8B%E5%BB%BA%E7%AF%89%E5%B7%A5%E7%A8%8B%EF%BC%88%E6%BE%B3%E9%96%80%EF%BC%89%E6%9C%89%E9%99%90%E5%85%AC%E5%8F%B8。

[123] 同上註。

[124] 弗朗西斯・福山:《信任——社會美德與創造經濟繁榮》,海口:海南出版社,2001,頁 5-8。

[125] Florence T. T. Phua, Steve Rowlinson: How Important Is Cooperationto Construction Project Success? A Grounded Empirical Quantification, Engineering, Construction and Architectural Management, 2004, pp. 45-54.

[126] R. Flanagan: The Features of Successful Construction Companies in the International Construction Market, Proceedings of the A. J. Etkin International Seminar on Strategic Planning in Construction Companies, Haifa, 1994, pp. 304-318.

[127] Eddie W. L. Cheng, Heng Li: Development of A Conceptual Model of

Construction Partnering, Engineering Construction and Architectural Management, 2001, 8(4), pp. 292-303.

[128] 同上註。

[129] D. Z. Du, F. K. Hwang: An Approach for Proving Lower Bounds: Solution of Gilbert Pollak's Conjecture on Steiner Ratio, FOCS, 1990 (1), pp. 76-85.

[130] Liu Fengyuan, Li Qing, Li Bo, Yuan Lixing: An Overview of Theoretical Research on Foreign Competition and Cooperation Strategy, Modern Management Science, 2013(06), pp. 68-70.

[131] Wei Yijun: Competition and Cooperation Strategy: the Strategic Transformation of Small and Medium-sized Enterprises in the New Era, Yunmeng Journal, 2018, 39(01), pp. 67-70.

[132] Yuan Danqi, Zhang Huaiying: From Competition to Co-opetition: a New Trend in Strategic Management of New Ventures, Journal of Jishou University (Natural Science Edition), 2019, 40(03), pp. 79-85.

[133] Jon Hale: 10 Sustainable Investing Stories of 2019, Morning Star, 2019.

[134] Mark R. Kramer: Larry Fink Isn't Going to Read Your Sustainability Report, Harvard Business Review, 2020.

[135] Li Donghong, Wu Rihan, Chen Dong: How "Competition and Cooperation" Affects Innovation Performance: a Tracking Study of Chinese Manufacturing Enterprises Choosing Local and Overseas Competition and Cooperation. Management World, 2020, 36(02), pp. 161-181.

[136] Huang Chuanfeng, Xu Hao, Feng Peiyu, Xie Chunyan: The Performance Impact of Co-opetition Strategy and Its Management Practice: a Review of Foreign Research. Journal of Nanjing Institute of Technology (Social Science Edition), 2021, 21(02), pp. 60-68.

[137] Tan Weijia: Analysis of the Competition and Cooperation Relationship between Enterprises in Industrial Clusters—Taking the Role of Shenzhen's New Generation of Information and Communication Industry Cluster Promotion Agencies as an Example, Scientific Research Management, 2021,42(12), pp. 29-35.

[138] Liu Ruijia, Yang Jianjun: Research on the Influence of Co-opetition Strategy under Dialectical Thinking and Paradox Thinking on Technology Transfer between Enterprises, Management Review, 2022, 34(02), pp. 112-125.

[139] Guo Runping, Yin Haobo, Lu Peng: Competition and Cooperation Strategy, Dual Capabilities and the Growth of Digital Startups, Foreign Economics and Management, 2022, 44(03), pp. 118-135.

第
八
章

致 謝

　　值本書出版之際，本人首先要感謝導師陳金龍教授。在導師陳金龍教授的悉心指導下，我完成了博士研究生學習。陳金龍老師提高了我對理論知識的運用能力。在撰寫學位論文的過程中，從收集文獻資料到論文成稿，都傾注了陳金龍老師的心血。陳金龍老師嚴謹的治學態度和淵博的知識給我留下了深刻的印象。在我們一眾同學求學期間，陳教授多番鼓勵與支持我們，並親身前往港澳督促、鼓勵一眾博士研究生作開題準備，悉心地講解博士論文的撰寫工作。陳金龍老師的這份堅持與熱誠鼓舞了大家，同時亦鼓舞了我。值此，我向陳金龍教授致以萬分的感謝！同時，我本人真誠地向陳金龍老師表示深深的謝意，由衷感謝陳金龍老師在學業上給予我的指導與關心。

　　感謝研究生王成亮、倪曉芬及劉菁同學對我的幫助；感謝澳門教育暨青年局黃志勇博士的鼓勵與幫助；感謝范鄉老師的幫助；感謝企管 2007 級博士班的同學們。

　　感謝我的父親，他以身教讓我明白若要成功，必須先要懂得付出。同時，要全力以赴去追尋自己的理想，哪怕跌倒了，仍要勇敢地再次站起來，就算成功仍在遠方亦不要氣餒。儘管我與父親已經天各一方，但他的話語永藏我心。

　　感謝我的家人，特別是我的兩位女兒。她們是我前進的動力，希望她們會比我更優秀。

　　深深感謝參考文獻的作者們！感謝尊敬的評審專家！

　　感謝大家的關愛，我將繼續努力前行！

黃燕雅

2022 年 5 月 10 日於澳門理工大學

三聯書店網址：
www.jointpublishing.com

Facebook 搜尋：
三聯書店 Joint Publishing

WeChat 賬號：
jointpublishinghk

豆瓣賬號：
三聯書店香港

bilibili 賬號：
香港三聯書店

本書旨在通過對競合戰略的研究，找出適合澳門本土建築企業的競合戰略實施方式。本書首先闡述競爭與合作的關係，透過競合博弈模型，明確競合戰略的實施機制；第二，通過分析競合戰略與傳統競爭戰略的差異與聯繫，揭示企業實行競合戰略的優勢；第三，通過市場環境下澳門建築企業在本地競爭中的現狀及經營的整體情況，指出澳門建築企業競爭存在的問題及成因；第四，通過對國外建築企業競合戰略評估的原則、方法、體系的構建及實例分析，為澳門建築企業的競合戰略改革提供借鑑；最後重點講述競合戰略的實施，其中主要包含競合夥伴的選擇、評價、形式及利益分配，提出了澳門建築業競合戰略實施注意事項，並通過案例來驗證競合戰略實施在企業競爭行為中的必要性。

文化閱讀 隨物平台
mybookone.com.hk

ISBN 978-962-04-4967-3

9 789620 449673

HK$ 118.00　NT$ 530.00

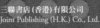
三聯書店(香港)有限公司
Joint Publishing (H.K.) Co., Ltd.

聯合出版集團